유아논리교육

성현주 저

태영출판사

책머리에

'유아들에게 왜 논리교육이 필요할까?'

세상을 살아가면서
크고 작은 일을 겪을 때마다
가장 답답하고 곤란했던 것 중의 하나가,
비효율적인 언어사용으로 상호간 의사소통이 안 되고
마침내 불협화음이 생기는 일이었습니다.

아울러
생활 전반에서 부딪히는 문제들을 원만하게 해결하기 위해서
다양한 방법을 모색해 보는 사고의 전환은 필수적이며,
상황에 따라 적절한 언어로 표현할 줄 알아야 한다고 느꼈습니다.

유아기는 발달가능성이 무한한 시기입니다.
몰랑몰랑한 찰흙으로 작품을 빚는 이치와 같습니다.

그러므로 유아들이 문제에 부딪혔을 때 스스로 다양한 답을 찾아가기 위해서 토의하고, 토론하고, 서로의 의견에 질문하고 답하며, 해결방안을 스스로 탐구해 가는 언어교육이 필요합니다.

어려서부터 유아들에게 '창의적이고 논리적인 능력'을 체계적으로 교육하는 일은 글로벌 시대에 예고 없이 발생하는 다양한 문제들을 지혜롭게 해결하는 데 매우 중요한 일이라고 하겠습니다.

이 책에서는 상황에 따른 적절한 언어 활용법, 다양한 사고의 전환을 유도하는 창의력 향상, 논리적인 사고를 유도하는 설명과 논증 등을 바탕으로 독서와 연계한 통합적 활동자료를 현장에서 지도하기 쉽게 집필하였습니다.

이 책이
유아를 지도하는 교사 및 학부모들에게
효율적인 유아 논리교육의 마중물이 되기를 바라면서
무더위 가운데 지켜 주신 참 좋으신 하나님께 감사드립니다.

2014년 겨울
兒泉書齋에서

차 례

Ⅰ. 유아 논술교육의 필요성

논술의 기본은 언어에서부터 시작한다.

언어는 의사소통을 생명으로 삼고 있기 때문에 의미의 세계인 동시에 복잡한 사고에 기반을 두는 사고의 세계다. 따라서 자신의 생각을 분명하게 표현하고 상대방을 이해시킴으로써 원만한 사회생활을 유도하는 언어교육이야말로 대단히 중요하다.

유년기의 언어교육은 듣기를 통하여 언어를 이해하고, 듣기를 모방하여 말로 표현하며, 주로 오감을 통한 말하기 중심으로 이루어진다. 반면 초등학교에 입학하면 음성언어를 문자언어로 형상화하는 읽기와 쓰기로 이어지고, 문법이 가미된 논리적 올바른 문장표현법을 배운다.

그러나 이러한 언어교육방법은 아날로그식의 비효율적 방법이라는 지적을 면할 수 없다. 유년기의 언어교육에서 논리적인 말하기 부분이 미흡했기 때문이다. 유년기에 정서적인 측면은 강조되었으나, 논리적인 언어표현 부분은 언급되지 않았다는 말이다.

초등학교의 언어교육 역시 듣기와 말하기 부분이 미흡한 것으로 나타나 있다. 그 동안 초등교육은 주로 암기식 또는 주입식의 교육이 주류를 이루었으며, 모든 과목의 내용을 이해하기보다는 철저히 두뇌에 저장했다가 출력하는 식의 학습을 해 온데 원인이 있다고 하겠다.

이는 우리의 민족정서나 사회적 관습과 무관하지 않다.

오랫동안 우리 사회를 지배해 온 유교사상은 장유유서 정신에 의해 철저하게 어른과 아이들 간의 대화(토의, 토론 등)를 단절시켰고, 무조건 명령에 복종하도록 강요해 온 우리의 사회적 환경이 큰 원인으로 제기된다. 그러다 보니 언어교육은 절름발이식으로 전락하였고, 그 결과 아이들에게 논리적인 발표를 요구할 때 적절한 언어표현 방법을 몰라 당황하는 경우가 비일비재하다.

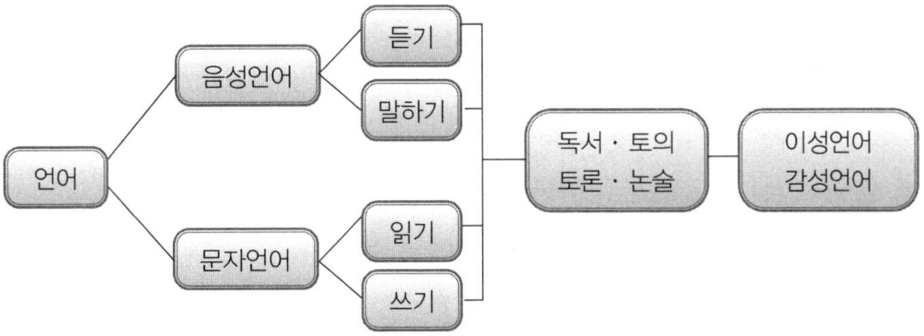

좀 더 확장시켜 보면 유년부와 초등부에서 논리적이고 체계적인 의사표현 방법을 습득하지 못한 아이가 중 · 고등학생이 되어 논리적인 언어표현을 한다는 것은 쉽지 않다.

시냇물을 건널 때 징검다리가 보폭에 맞추어 적당한 간격으로 놓여 있을 때 건너기 쉬운 이치와 같이 효율적인 언어표현은 유년기에서부터 적절하게 조율이 되고 교육을 받아야 최대의 효과를 얻을 수 있다. 언어교육은 한순간에 이루어지는 것이 아니라 그 사람이 속한 환경 · 문화 · 교육에 의해 습득되기 때문이다.

근래의 연구 결과에 따르면, 인간의 기본적 행동은 유아기에 대부분 형성되어 일생을 지배한다는 사실이 과학적으로 입증되어 유아교육의 중요성이 더욱 부각되고 있다.

지식기반사회에 접어들면서 유아의 가능성과 능력 *capacity*이 재인식되고 있음은 물론, 지식의 폭발적 증가로 인하여 인간능력개발에 관심이 높아지고 있다. 유아기는 발달가능성이 가장 풍부하기 때문에 유아기의 지능과 행동은 새로운 개발방법의 발견과 조성만 잘해 주면 무한한 발전이 가능하다.

특히 급변하는 21세기는 창의적이고 논리적인 인재양성을 요구하고 있다.

'창의적이고 논리적인 능력'은 사회의 한 구성원으로 살아가며 만나게 되는 다양한 문제들을 해결하는데 필수적인 요소다. 따라서 어린이가 스스로 다양한 답을 찾아가기 위해서는 토의하고, 토론하고, 서로의 의견에 질문하고 답하며, 해결방안을 스스로 탐구해 가는 과정을 반드시 거쳐야 한다.

시대적인 흐름에 맞춰 창의적인 사람으로 교육하기 위해서는 유아교육 현장에서도 '창의적으로 생각하고 논리적으로 표현하기' 등의 교육에 비중을 높여야 하며, 유아 논술교육 필요성은 이미 교육과정에서 제시를 하고 있다.

2007년 개정된 국어과 교육과정을 살펴보면 '실질적인 쓰기 교육의 중요성'이 과거 어느 때보다 강조되고 있다. 특히 글쓰기를 할 때에 구체적으로 글쓰기의 목적과 예상독자를 고려할 수 있도록 '쓰기 상황과 목적을 분명하게 제시하여 글을 쓰게 할 것'과 '쓴 글에 대한 자기비정과 상호비정 활동을 할 것'을 강조하고 있다(교육인적자원부, 2007).

또한 교육과학기술부의 교원양성 검정실무편람(2000, 2008, 2009)에 의하면, 교과논리 및 논술교육의 기본교수요목의 방향을 각 교과별 특성에 부합되는 논리적 사고의 근본 법칙 및 논술에 관한 교육에 역점을 둔다고 제시하고 있다.

교사들에게는 논리 및 창의적 글쓰기, 전공교과의 지식 기술 및 태도에 관한 표현력, 자기의 이해력, 산업변화의 논리적 기술, 자신의 진로에 관한 분석적 표현력, 교과의 문제해결력을 위한 사고력, 논리적이고 비판적인 글쓰기 능력 등과 같은 지도능력을 함양하는 것을 논리 및 논술교과의 주된 교육목표로 제시하고 있다. 동시에 확산적 사고, 비판적 사고, 논증법, 설득력 등 주로 창의적 사고와 의사소통능력 배양에 중점을 둔 교과내용 설정방향도 제시하였다.

따라서 유아교육 과정에서도 교과의 논리적 표현, 비판력, 창의적 사고력, 의사소통능력, 교과의 이해와 논증적 표현력(바커, 1987), 아이디어의 교과의 기술적 내용을 체계적으로 표현하는 능력 등에 역점을 두어야 할 것이다. 즉, 논리 및 논술교육을 각 교과별 특성에 부합되는 논리적 사고의 근본 법칙 및 논술에 관한 교육에 역점을 두어야 한다.

이처럼 새로운 국어과 교육과정이 실질적인 글쓰기 중심으로 방향이 전환되고 있는 점을 감안한다면 유아를 대상으로 한 논술교육을 강화하는 일은 당연한 것이다.

유아들에게 부족한 논술능력을 키우기 위해서는 유아들이 무엇보다도 논술문과 설명문 형태의 언어표현 방법을 충분히 연습하여 습득하여야 한다. 자신의 의견을 논리적으로 서술하는 능력은 각 교과영역으로 연계시킨 통합적 학습에 의해 이루어지는 것이 바람직하다.

특히 유아의 경우, 아직까지 성장단계에 있기 때문에 나이별 특성에 맞도록 단계별 논술교육이 이루어지지 않으면 안 된다. 즉, 대상의 특성에 맞춰 무엇으로(수단 혹은 매체) 어떻게(방법론) 할 것인가가 결정되어야 한다. 그러므로 유아를 대상으로 한 논술교육은 유아의 특성을 감안하여 방법론 및 매체가 먼저 정해져야 하고, 유아들을 접할 수 있는 현장경험과 이론이 뒷받침되어야 한다. 무엇보다도 중요한 것은 유아 스스로 활동하고 찾아내고 표현하는 것과 놀이와 같은 실제 행동을 통하여 스스로 찾고 깨닫도록 하는 것이 바람직하다.

효율적인 논술교육은 독서를 통하여 다양한 글감을 얻고 이러한 글감들에 대하여 논리적 · 비판적 · 추론적 사고로 토의와 토론을 한 뒤 자신만의 생각을 정리하여 글로 표현할 수 있도록 하는 것이 바람직하다. 단, 이러한 과정에는 상대방을 설득시키는데 비타민 역할을 할 수 있는 감성(감화력)이 내재되어 있어야 하는데, 바로 이성언어와 감성언어가 적절히 조화를 이룰 때 효과를 거둘 수 있다.

이 책에서는 이러한 점을 감안하여 논술의 기본이 되는 언어의 활용, 창의력 향상, 토론과 토의, 발표, 설명하기와 논증하기의 이론과 실제 활동자료 중심으로 살펴보고자 한다.

Ⅱ. 의사소통과 논리적 사고

1. 언어의 의미
2. 언어의 형태
3. 언어의 기능

인간은 개인으로 존재하고 있어도 그 개인만 유일하게 존재하는 것이 아니라, 끊임없이 타인과 관계하며 존재하고 있다. 그래서 한자에서도 '人'을 두 사람이 서로 기대어 서 있는 모습으로 형상화하고 있다. 다시 말하면, 인간은 생존을 위한 본능적인 욕구와 그 무엇을 성취하기 위해 누군가와 관계를 맺으며 살아간다는 것이다.

인간은 개인적 존재이면서 동시에 사회적 존재다. 인간이 없는 사회는 존재할 수 없으며, 사회가 없는 인간도 존재할 수 없다. 인간과 사회가 조화를 이룰 때 인간은 사회 속에서 존재의 의미를 찾을 수 있다. 따라서 인간을 사회적 동물 社會的 動物 *social animal*[1], 정치적 동물 政治的 動物 *politics animal*[2], 경제적 동물 經濟的 動物 *economical animal*[3], 예술적 동물 藝術的 動物 *artistic animal*[4]로 분류하기도 한다.

인간에 대한 인류학자들의 견해를 살펴보면 대략 두 가지로 크게 생각해 볼 수 있다.

첫째, 인류학자들은 인간을 호모 사피엔스 *Homo sapiens*[5]라고 한다.

인간은 생각할 수 있는 능력을 가지고 있다는 의미다. 일찍이 파스칼이 '인간은 생각하는 갈대다.'라고 말한 것처럼 인간은 수많은 생각을 하고 행동을 결정한다.

---

1) 인간은 사회의 구성원이며, 사회공동체의 형성자로서 포착될 수 있다는 뜻이다. 이에 아리스토텔레스 *Aristoteles*는 '정치적 동물 *zoon politikon*'이라는 표현을 쓰고 있다.

2) 인간과 인간과의 관계는 조직문화다. 추구하는 목표, 성향에 따라 조직을 형성한다. 혼자의 힘보다는 여러 사람의 힘이 결집된 조직의 힘으로 목표를 성취하는 것이 더 쉽고 빠르기 때문이다. 조직은 다른 말로 하면 사회의 구성요소다.

3) 인간은 삶을 영위하기 위해서 필요한 경제적 활동을 할 수밖에 없다. 그러자면 의·식·주 해결을 위하여 타인과의 관계를 맺을 수밖에 없다. 경제력은 자본주의 사회에서 자신의 가치를 높이는 가장 효율적인 수단이 되기 때문이다.

4) 인간은 기본적인 의·식·주 해결만으로 만족하지 못한다. 특별한 재료, 기교, 양식 따위로 감상의 대상이 되는 아름다움을 표현하고자 하는 활동을 하는데 이를 예술적 행동이라고 한다. 인류의 문화가 발전하는 데 중요한 요소가 된다.

5) 인류의 진화단계를 원인 猿人·원인 原人·구인 舊人·신인 新人으로 구분했을 때 가장 진화한 단계가 호모 사피엔스(지혜 있는 인간이라는 뜻)다. 일반적으로 4~5만년 전부터 지구상에 널리 분포되어, 석기문화 石器文化를 가지며 농경·목축이라는 혁명적 생산 수단을 발명하여 마침내 문명의 꽃을 피웠다. 분류학적으로는 구인, 즉 네안데르탈인 *Homo neanderthalensis*도 호모 사피엔스의 한 아종亞種으로 보는 설이 유력하다.

그러므로 생각하지 않는 인간은 인간이라고 볼 수 없다.[6]

둘째, 인류학자들은 인간을 호모 링기스티쿠스 *Homo linguisticus*라고 한다.

인간은 생각한 그 무엇을 어떤 수단과 방법으로 나타내고자 한다. 이때 커뮤니케이션의 필요성을 느끼게 된다. 커뮤니케이션은 의사 *opinion*를 소통하고 정보 *information*를 교환하고 감정 *sentiment*을 이입시키는 행위의 수단이다.[7] 이 때부터 인간은 지혜를 끌어내고 지식을 공유하고 사고를 조정하여 언어를 사용할 수 있는 능력을 가지게 되었다. 즉, 다른 동물들과는 달리 인간은 커뮤니케이션의 수단으로 언어를 발명하고 사용할 수 있는 능력을 갖고 있다.

인류가 동물로부터 구별되어 오늘날의 영장류가 될 수 있었던 요체는 바로 언어(음성언어)의 사용이며, 인류가 원시 상태에서 벗어나 오늘날처럼 발전된 문명을 향유할 수 있게 된 것도 언어(문자 언어)의 사용 때문이다.

1. 언어의 의미

언어의 의미해석은 인간이 체험하고 표현한 것을 이해하는 과정이다.

타자의 심성에 의해 표현된 의미심장한 정신적 산물을 보다 심도 있게 이해하

---

6) 우리는 흔히 현실, 입장, 상황을 생각하지 않고 행동하는 사람을 보고 이렇게 말한다. '저게 사람인가?' 물론 극단적인 표현이지만 생각 없이 행동하는 사람을 사람 아닌 존재로 비하시킨다. 바로 사람은 생각할 수 있는 능력을 가졌다는 의미를 내포하고 있다. 의식이 없이 병상에 누워있는 사람을 보고 '식물인간'이라고 하는 까닭도 생각할 능력이 없기 때문이다.

7) 버지니아 사티어 *Virginia Satir*는 전 세계의 문제 있는 가족을 치료해 온 선구자로 알려져 있다. 그녀가 수년간 가족치료를 하며 겪은 수많은 가족의 이야기가 담긴 『아름다운 가족』은 전 세계 많은 가족들로부터 극진한 찬사를 받았다. 이 책의 원제목은 『더 뉴 피플 메이킹 *The New People Making*』으로 가족들의 전체적인 삶의 문제를 섬세하고 감동어린 메시지로 펼쳐 보이며, 많은 사람에게 기쁨과 위안을 안겨 주었다.

기 위해서 해석이 필요하다는 의미다. 이러한 것은 의사교환을 생명으로 삼고 있는 언어의 본질에 충실한 태도다.

언어의 의미를 해석할 때에는 표피적 해석과 의미적 해석으로 구분한다. '말 그대로 해석'하는 언어 직해가 바로 '표피적 의미해석'이며 언어가 내포하고 있는 '상징적 의미'로 해석하는 방법이 '의미적 해석'이다. 같은 말이라도 상황에 따라서 화자와 청자의 관계에 따라서 의미가 달라질 수 있는 것이므로 언어의 의미해석은 중요한 부분이다.

1) 명시적 의미(문자적 의미)

언어가 가지고 있는 고유의 의미로서 사전에 정의되어 있는 단어의 뜻을 말한다. 일상적인 생활에서 의식주 해결을 위하여, 또는 규칙적인 생활을 영위하기 위해서 표현하는 언어의 해석이다.

유아가 언어를 습득할 경우 대부분 언어의 명시적 의미를 먼저 배운다.

(1) "밥 먹자."

밥 먹자는 행위를 의미한다.

(2) "부잣집 맏며느리감이네."

말 그대로 부잣집 맏며느리라는 의미다.

(3) "돼지 목에 진주목걸이를 해 주지."

말 그대로 돼지 목에 진주목걸이를 걸어주라는 의미다.

2) 암시적 의미(비유적 의미)

언어가 간접적 혹은 암시적으로 말하고 있는 의미로써 텍스트에 내재된 의미에 주목한다.

언어가 가지고 있는 고유의 의미를 간접적으로 해석하여 의미를 부여한다. 암시적 의미는 객관적인 의미를 기준으로 하나, 주관적으로 해석이 달라질 수 있다. 언어의 암시적 의미는 작가 혹은 화자가 상황에 맞는 언어표현을 적절한 상징적 의미로 표현할 때 적용된다.

(1) "밥 먹자."

① 말하는 화자가 배고프다는 것을 의미한다.
② 딱히 다르게 할 말이 없으니까 '밥 먹자'라고 말로 그 상황을 대처하려는 의미다.

(2) "부잣집 맏며느리감이네."

① 신체적으로 건강함을 의미한다.
② 날씬하지 않다는 의미를 내포한다.

(3) "돼지 목에 진주목걸이를 해 주지."

① 의상이 신체와 어울리지 않는다는 의미다.
② 주제 파악을 하고 몸치장을 하라는 의미다.

3) 징후적 의미(상징적 의미)

징후적 의미는 프로이트의 꿈 해석처럼 억압의 과정을 통해 체계적으로 감추어져 있는 보다 심오한 의미다. 징후적 의미에 따르면, 언어의 의미는 피동적이며 명백한 의미와 암시적 의미에 의해 감추어져 있다. 이러한 태도는 마치 "우리는 우리가 말하는 것을 반드시 의미하지 않는다."라는 것과 같다. 따라서 징후적 의미는 화자나 청자 모두의 주관적 의미가 강하게 작용하며 논리적인 설명이 가능해야만 언어의 징후적 의미를 인정받을 수 있다.

징후적 의미는 시대적 상황에 따라 의미가 달라진다.

일상생활에서 징후적 의미를 내포하고 있는 언어해석은 꿈 해몽, 사주팔자, 징크스 등이 있다.

(1) "밥 먹자."

① 화자는 어렸을 때 상당한 빈곤함을 겪은 사람이다. 그러므로 먹는 것에 강한 집착을 가지고 있으며 하루 세끼 먹는 일을 가장 중요시하는 사람임을 의미한다.
② 화자는 위장장애를 심하게 경험한 사람이다. 건강을 위해서 하루 세끼 먹는 시간을 철저하게 지키는 사람임을 의미한다.

(2) "부잣집 맏며느리감이네."

① 재물, 외모, 능력을 골고루 갖춘 덕 있는 사람이다. 부잣집에서는 며느리를 고를 때 맵시, 솜씨, 말씨를 바탕으로 본다는 의미다.
② 그 사람의 외모와 치장한 의상, 액세서리가 부자임을 의미한다.

(3) "돼지 목에 진주목걸이를 해 주지."

① 지성과 인격이 낮음에도 불구하고 겉치장으로 품위 있는 사람처럼 위장하려는 사람을 비하하는 의미다.
② 돈보다는 사람 됨됨이가 더 우선이라는 의미다.

의사표현을 위한 언어사용은 개인적인 언어표현력이나 말투에 따라 다르지만 대체적으로 나이가 어리면 어릴수록, 지식수준이 낮으면 낮을수록 명시적 의미를 주로 사용한다. 반면 암시적 의미나 징후적 의미는 연륜이나 지식의 수준이 높을수록 사용빈도가 높다고 볼 수 있다.

이처럼 인간은 자신의 생각과 사상을 상대방에게 전달하고자 하는 목적에서 언어를 사용하고 있다. 즉 문자언어와 음성언어의 장점을 활용하여 보다 효율적인 커뮤니케이션을 하고자 한다.

버지니아 사티어 *Virginia Satir*는 커뮤니케이션을 순기능적으로 커뮤니케이션을 하는 사람과 역기능적으로 커뮤니케이션을 하는 사람으로 구분하였다. 순기능적 커뮤니케이션을 하는 사람은 긍정적인 사고방식을 가진 사람이며, 역기능적 커뮤니케이션을 하는 사람은 부정적 사고방식을 가진 유형이라고 볼 수 있다. 순기능적 커뮤니케이션은 우리가 지향해야 할 커뮤니케이션으로 다음과 같이 사회적으로 성공한 사람에게 나타나는 특징과 같다.

첫째, 상대방의 메시지를 경청하며 명확하게 질문한다.

둘째, 질문에 대하여 적절하게 대답한다.

셋째, 상대방에게 자기의 의견을 명확하게 전달한다.

넷째, 찬성이나 반대의 반응을 분명히 하지만 반대의견을 직접적이고 노골적으로 표현하지 않는 기술이 있다.

다섯째, 상대방의 반응을 잘 받아들인다.

여섯째, 언어적 커뮤니케이션이 합리적이고 분명하다면 메시지 내용에 대하여 책임을 진다.

일곱째, 분명하고 적절한 커뮤니케이션으로 내용을 지나치게 일반화하지 않고 자신의 희망, 생각, 개념을 다른 사람에게 투사하지 않는다. 그리고 다른 사람에게 제3자의 사적인 이야기를 전하지 않는다.

2. 언어의 형태

언어의 형태에 대한 학자들의 견해는 다양하다.

소쉬르 *Ferdinand de Saussure*는 "음성언어와 문자언어는 둘 다 분명한 기호체계이지만 문자언어는 단지 음성언어를 다시 나타내 주는 기호에 불과하다."고 하였다. 사피어 *Edward Sapir*는 "문자언어는 음성언어의 형태를 나타내는 2차적인 상징기호다."라고 하였다. 하지만 음성언어의 제한성이 나타남에 따라 캐나다의 언어심리학자 올슨 *Olson*은 "음성언어의 사용으로 인간은 인간다워지고, 문자언어의 사용으로 인간은 문명화된다."고 하였다. 즉 문자의 사용이 인간의 인지과정과 표현양식에 엄청난 변화를 가져왔다는 견해다. 의사소통의 수단으로서 문자사용은 인류문명의 발전을 가져온 것은 분명하다.

언어의 형태는 음성언어와 문자언어로 구분한다.

음성언어는 '말'을 의미하며, '듣기'를 통해서 말하기가 행해진다. 문자언어는 '글'을 의미하며, '읽기'를 통해 쓰기가 이루어진다. 여기에서 '듣기'와 '읽기'는 외부에서 받아들인 시각적 · 음성적 기호를 해석하는 '수용언어(이해언어)' 기술이다. 반면 '말하기'와 '쓰기'는 의미를 전달하기 위해 산출하고 표현한 시각적 · 음성적 기호이며 '표현언어' 기술이다.

언어의 습득과정은 대체적으로 듣기 → 말하기 → 읽기 → 쓰기의 형태로 이루어지는데 이를 국어의 4영역이라고 한다. 인간이 언어로써 지식을 습득한다고 볼 때, 음성언어 → 문자언어의 순서로 이뤄지며, 대체적으로 나이가 어리면 어릴수록, 교육수준이 낮으면 낮을수록 음성언어의 의존도가 높은 반면, 교육수준이 높은 전문가들은 문자언어의 의존도가 높다는 것이다. 상황에 맞는 언어를 효율적으로 잘 사용하기 위해서는 음성언어와 문자언어를 적절하게 사용할 수 있어야 한다.

문자언어와 음성언어의 내용을 요약하면 다음과 같다.

구분	특 성	언어영역	비 고
문자언어	1. 시간적 · 공간적 제약을 뛰어넘는다. 2. 표현 수단은 쓰기이고, 이해 수단은 읽기다. 3. 보존이 길므로 전달력이 지속적이다. 4. 문장법에 의해 구성된다. 5. 선택된 낱말로 이루어지기 때문에 문장력과 언어표현력이 뛰어나다. 6. 복잡한 내용을 논리적으로 전달할 수 있다. 7. 수정이 가능하다. 8. 독자의 반응을 즉시 참고할 수 없다. 9. 비언어적 요소의 영향을 크게 받지 않는다.	읽기 쓰기	국어의 4영역
음성언어	1. 시간적 · 공간적 제약을 받는다. 2. 표현수단은 말하기, 이해수단은 듣기다. 3. 전달력이 일회성이며 기억의 한계가 있다. 4. 문장법이 생략된다. 5. 화자의 언어구사력에 따라 언어표현의 차이가 있다. 6. 복잡한 내용을 논리적으로 전달할 수 없다. 7. 수정이 불가능하다. 8. 청자의 즉각적인 반응을 확인할 수 있다. 9. 비언어적 요소의 영향을 많이 받는다.	듣기 말하기	

특히 유아에게 음성언어는 귀를 통해 들어오는 최초의 체험이므로 언어습득에 큰 영향을 끼친다. 언어가 지닌 울림, 리듬, 소리의 아름다움과 즐거움 등의 예민한 감성을 기르는 것으로 언어의 체험이 시작되기 때문이다.[8)]

또한 음성언어는 듣기능력을 전제로 하기 때문에 현대사회에서 요구되는 필수적인 언어다. 음성언어만이 가지고 있는 감성으로 전혀 다른 의미를 가질 수 있다.

8) 마쓰이 다다시, 이상금 엮음, 『어린이와 그림책』, 샘터, 2009, p. 78.

예시

①: 놀래? 공부할래?
(마음이 편안한 엄마가 자상한 목소리로 아이의 의견을 물어 보는 음성언어의 형태 : 이 경우에는 아이가 논다고 해도 엄마는 기꺼이 받아 준다.)

①': 놀래? 공부할래?
(화난 엄마가 아이를 닦달하다가 아이에게 명령어로 물어 보는 음성언어의 형태 : 이 경우에는 아이가 '공부할래요'라는 말을 할 수밖에 없다.)

②: 저리 가.
(서로 좋아하는 사이에서 괜히 해보는 말투 : 이럴 때는 부드러운 언어감성이 내재되므로 사랑이 깊어진다.)

②': 저리 가.
(상대방에 대한 적대감이 있을 경우 언어감성은 거의 환멸에 차 있다. 이런 경우 대화 단절의 음성언어가 된다.)

음성언어는 유년기의 정서적 안정, 말씨, 언어표현력에 큰 영향을 끼친다. '말은 그 사람의 인격이다' 또는 '잘 짖는다고 좋은 개는 아니다' 라는 말이 있다. 적절한 상황에 맞는 적절한 언어표현 및 이해는 실생활에서 부딪히는 모든 일들의 처리를 원활하게 해 줌과 동시에 그 사람의 인격까지 평가할 수 있기 때문이다. 특히 가치관이 형성되어 있지 않은 유년기에는 올바른 음성언어를 사용하여야 한다.

1) 언어이해의 모형

어린이를 지도하는 교사는 언어교육을 피할 수가 없다. 따라서 교사는 언어이해의 모형을 인지하고 있으면 훨씬 더 효율적인 수업을 진행할 수 있다.

언어이해의 모형은 세 가지로 구분되는데 대상연령에 따라 다양하게 접목할 수 있는 모형이다. 언어이해의 모형을 잘 인식하면 교사가 어떤 방식으로 언어지도를 해야 할 것인가를 파악할 수 있다.

언어는 사고의 결과물로써 사상 내용을 사람들에게 전달하는 매체다.

뿐만 아니라 사고의 과정을 일으키고 사상 내용 그 자체를 형성하기도 한다. 즉, 말하기 · 쓰기 전에 생각하기가 선행될 수 있고, 듣기 · 읽기 후에 말하고 쓰기가 진행될 수 있으므로 언어활동 그 자체를 사고 활동이라 말할 수 있다.

예를 들면, 어떤 어휘를 사용할 것인가, 어떤 구문 構文을 쓸 것인가, 문장의 종결을 어찌할 것인가 등이다. 특히 전혀 의식하지 않는 가운데 언어를 운용하는 사고 작용이 일어나기도 한다.

언어능력의 습득은 어린이의 사고력 발달과 관계되는데, 그 언어능력이 사고력 형성에 관련하는가의 여부를 검토해야 한다. 따라서 말하기 · 듣기 · 읽기 · 쓰기의 언어지도는 단순히 문자를 해독하는 기능을 습득하도록 지도하는 것이 아니다. 정보화 사회에서 고도로 복잡한 문제를 합리적으로 해결하는 데 필요한 높은 수준의 사고력을 기르고 각각의 의미를 해석할 수 있도록 돕는 다는 의미다.9)

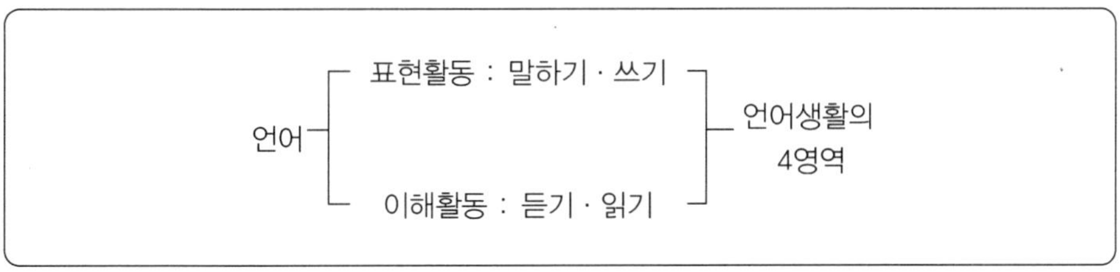

일상생활에서의 행동, 사고, 문제해결에 영향을 미치는 지식, 배경, 목적, 흥미, 상황 등은 언어처리 과정에 영향을 준다. 그러므로 언어와 사고의 기능이나 역할, 언어처리 과정을 돕기 위한 학자들 간의 이론을 인지하는 것이 효과적인 언어지도에 도움이 된다.

언어이해의 모형에는 크게 세 가지로 구분한다.

9) 국어, 국어과 교육에서 언어와 사고의 문제는 1970년대 이후 인지심리학의 이론을 중심적 패러다임으로 삼아 국어교육이 단순히 국어국문학의 대상인 언어, 국어에 관한 선언적 지식 추구가 중요한 교과가 아니라 추리력, 분석력, 문제해결력, 비판력, 창의력, 구상력 등 고등 사고 기능, 고등 수준의 지적 능력 추구를 강조함에 따라 국어과 교육 본질 관련 문제로 중요하게 다루어지게 되었다.

(1) 상향식 모형

상향식 모형은 의미 형성이 언어기호에서 비롯된다고 보는 이론이다.

언어이해 과정에서 교사와 어린이는 무엇보다도 먼저 언어를 정확하게 확인하고 지각하고 해독하여야 한다. 언어기호의 표상화 과정은 작은 단위의 언어에서 시작하여 점차 보다 큰 언어적 단위(단어, 구, 절)로 확대되고 나아가 의미가 형성된다고 가정한다.

이 모형의 이해자는 수동적이며 듣기과정과 읽기과정이 중심이며 자모식과 음절식 등 발음중심 교육이다. 예를 들면, 한글을 가르칠 때 'ㄱ+ㅏ=가', '가나다라~~', '가+위=가위'의 순서대로 글자를 가르치는 언어지도 방법이다.

상향식 모형에서 중요한 교육내용은 자소 字素와 음소 音素를 정확하게 대응시키며 글자의 정확한 발음을 강조한다. 하지만 문자를 이루는 구성요소에 대해서는 잘 알 수 있지만 상황에 맞는 언어구사력과는 맞지 않는 단점이 있다.

유아수업지도 시 자음과 모음판을 만들어 '낱말 만들어 찍기', '자음과 모음으로 다양한 모양 만들기' 등으로 접목하면 재미있는 글자놀이로 유도할 수 있다.

(2) 하향식 모형

하향식 모형은 어린이가 갖고 있는 지식의 정도에 따라 크게 영향을 받는다.

언어이해는 말이나 글의 의미에 대한 어린이의 가정 또는 추측에서 시작되기 때문이다. 단어식과 문장식 등 의미와 파악을 중요하게 생각하는 의미 중심교육으로 단어나 문장의 반복 사용, 글에 곁들인 그림이나 삽화의 최대한 활용, 유아의 배경 지식을 동원하는 언어지도 방법이다.

예를 들면, 동시나 짧은 동화의 문장을 그대로 익히게 하는 통문장 지도 방법이다. 상황에 맞는 문장을 단문, 중문, 복문의 형태로 가르치는 언어지도 방법인데, 이런 경우, 재미있게 언어를 이해할 수 있으며 상황에 맞는 의사표현을 적절하게 할 수 있는 장점이 있다. 어린이 지도 시 동화를 텍스트로 하면 적합한 언어지도 유형이다.

(3) 상호작용 모형

상호작용 모형의 언어이해는 메시지 내용에 대한 어린이의 가정과 추측, 언어 자료의 확인이 동시에 작용함으로써 이루어진다. 교사의 역할은 하향식에 의해 형성된 메시지 내용에 대한 어린이의 추측이 얼마나 정확한가에 따라 능동적일 수도 있고 수동적일 수도 있다.

상호작용의 모형의 예는 스키마 모형의 언어이해 과정으로 설명되며 두 가지로 구분한다.

하나는 자료에 의한 과정이다. 이는 언어를 자극하여 기존 지식을 작동하게 하는 과정이다. 즉, 말이나 글이 스키마(지식)를 작동시키는 '아래에서 위로'의 과정이다.

또 다른 하나는 개념에 의한 과정이다. 이미 작동된 스키마로 언어자료(말이나 글)를 해석하는 '위에서 아래로' 과정이다.

자료에 의한 과정과 개념에 의한 과정이 상호작용하는 예를 들면 다음과 같다.

교사가 어린이에게 '바다'라는 단어를 주고 '생각나는 것을 이야기해 보자' 라고 이야기한다(자료에 의한 과정). 그러면 어린이는 '바다'라는 단어에서 자신이 경험했던 스키마를 작동하여 여러 가지 이야기를 하게 되는 것이다(개념에 의한 과정). 이처럼 같은 상호작용 모형은 창의성의 사고영역인 유창성과 연관관계가 있으며, 창의성을 강조하는 오늘날 교육현장에서 많이 사용되고 있다. 이때 어린이는 상상력을 마음껏 펼칠 수 있으므로 교사는 확산적인 사고와 수렴적인 사고의 과정을 거쳐 어린이의 사고를 정립시켜 주도록 노력해야 한다.

예시

상호작용 모형의 예
선생님 : '여름' 하면 생각나는 것들을 말해 보자(자료에 의한 과정).
어린이 : 바다, 땀, 열, 짜증, 물, 방학, 바캉스, 산, 계곡, 할머니댁, 비행기 등에 관한 이야기를 한다.
('여름'이라는 개념에 의한 과정 → 확산적 사고에 의한 상상력 증대)
선생님 : 여름에 대한 느낌을 한 마디로(또는 글이나 몸짓으로) 표현해 보자(수렴적 사고).

3. 언어의 기능

인간이 언어를 사용하고자 할 때는 목적이 있다.

목적은 언어의 기능과 맞닿아 있는데 언어의 기능을 일상생활에 잘 활용하면 효율적인 의사표현이 된다. 본의 아니게 상황에 맞지 않은 언어의 기능을 선택함으로써 곤란을 겪게 되는 경우를 직접 또는 간접적으로 경험하였을 것이다.

할리데이 *M. A. K. Halliday*에 의하면, 언어학습은 사고를 표현하는 방법의 학습이라고 하였는데, 사회적 의사소통의 측면에서 언어의 기능을 다음과 같이 7가지 범주로 나누어 설명하고 있다.

1) 지시적 기능/도구적 기능 *instrumental function*

영 · 유아부터 어른에 이르기까지 화자는 욕구 충족의 수단으로 언어를 지시적 기능 혹은 도구적 기능으로서 사용한다.

영 · 유아인 경우 배가 고프거나, 오줌을 쌌거나, 아플 때, '하고 싶어요. *I want*'의 기능으로 '엄마'라는 언어를 사용한다. 성인인 경우, 의식주 해결을 위해서, 혹은 필요성에 의해서 지시적/도구적 기능으로서 언어를 사용한다.

예를 들어, '밥 먹을래', '잠 잘 거야', '장난감 사고 싶어', '옷 사고 싶어' 등이 있다. 지시적/도구적 언어의 기능은 의식주를 해결하기 위한 가장 기본적인 언어 형태를 의미한다.

2) 통제적 기능 *regulatory function*

화자가 다른 사람의 행동과 감정을 통제하는 기능으로 '내 말대로 해 주세요. *Do as I tell you*'라는 의미를 가지고 있다. 통제에 사용되는 언어는 질문, 진술, 비평, 명령이 있다.

예를 들어 자녀를 둔 엄마인 경우, '밥 먹어라', '학원가라', '공부해라', '똑바로 앉아라.' 등의 언어는 통제적 기능으로 사용하는 경우다. 단체의 리더, 교사, 군인, 등의 직업을 가진 사람들이 통제적 기능을 많이 사용한다고 볼 수 있다. 통제적 기능으로써 언어 사용은 상황에 따라 꼭 필요한 경우도 있지만 생활 전체에서 이러한 통제적 기능을 활용한다면 원활한 의사소통을 기대하기 어려워질 수 있다.

3) 상호작용적 기능 *interactional function*

개인과 개인, 혹은 개인과 단체 간의 관계를 매개하고 유지하기 위해 사회적 상호작용을 하는 기능을 의미한다. '나와 너 *Me and you*'의 기능을 하는 것으로 다른 사람과의 사회적 관계를 형성하는 것으로 인사, 타협, 협상을 할 때 쓰이는 언어의 기능이다. 주로 영업활동에서나 해결사 등의 일을 하는 사람들이 상호작용적 기능을 많이 사용한다. 상호작용적 기능으로 언어를 잘 활용하면 다툼이나 분쟁을 방지할 수 있다.

4) 개인적 기능 *personal function*

개개인의 개성 및 개인적 정체감을 표현할 때 쓰이는 기능으로 '나는 이런대요. *Here I come*'의 의미를 가진다. 이름, 자기소개서, 자기자랑, 족보 등을 표현할 때 사용한다. 이는 주로 발표문, 면접, 소개, 선거공약문 등에 많이 사용하는 언어의 기능이다.

요즘은 자기PR 시대라고 하는데 개인적 기능을 잘 활용하면 도움이 될 수 있다.

5) 발견적 기능 *heuristic function*

인간은 본질적으로 자연, 환경, 사람, 그 외 주변에 대하여 끊임없이 탐구하고 알고자 한다. 발견적 기능은 '왜 그래요? *Tell me why*?'처럼 호기심에 의한 질문과 대답, 발견에 관한 자신의 생각을 표현할 때 쓰이는 기능이다.

예를 들어, 같은 길을 두 사람이 걸어가고 있는 경우, 한 사람은 묵묵히 걸어가는데 다른 한 사람은 주변 환경에 대한 변화 및 본질에 대해 많은 질문을 가지고 달라진 점을 발견하여 이를 언어로 표현하는 경우다. 어린이, 과학자, 발명가, 창의성이 뛰어난 사람이 많이 사용하는 기능이다.

특히 발견적 기능은 창의력 수업에 많이 활용한다.

확산적인 사고와 수렴적인 사고를 유도할 때 교사는 주로 발견적 기능으로서 언어를 사용한다. 예를 들면, "왜 이렇게 되었을까?", "어? 이렇게 하였더니 요렇게 되었네?, 왜 그럴까?", "휴지 한 장으로 만들 수 있는 것은 무엇일까?" 등 무궁무진하다.

6) 상상적 기능 *imaginative function*

인간이 본능적으로 호기심을 가지고 있다면 상상은 당연한 사고의 과정이다.

상상적 기능은 'If then ~' 기법, 혹은 '~처럼 해 봐요.'의 상상에서 비롯되는 표현이다. 예를 들어, '내가 만약 대통령이라면!' '자, 지금 여기가 구름 위라고 생각해 봐요'라는 표현에서 상상적 기능이 사용된다. 또한 예술에 대한 심미적인 가치가 있는 여러 활동이나 표현도 이에 속한다. 자신의 세계를 창조하기 위하여 문학가, 예술가 등이 많이 사용한다.

7) 정보적 기능 *representational function*

자신의 추상적인 생각 및 새로운 정보를 설명하고 표현할 때 쓰이는 기능이다.

'말할 게 있어요. *I've got something tell you*'의 의미로 이론, 세미나, 토론, 발표, 웅변 등이 이 경우에 해당된다.

유치원이나 어린이집 수업에도 정보적 기능을 자주 사용한다.

수업 도입 부분이나 확산적 사고를 유도하는 경우, 동화와 관련된 사물에 대한 정보 제공, 경험 이야기하기 등이다. 예를 들면, '바다'라는 낱말 카드를 보여주고 난 뒤 '바다에 대해서 아는 대로 이야기해 보자'라고 했을 때 어린이는 자신이 갖고 있는 정보를 말하는 경우다. 대답으로는 '바닷물은 아주 짜요.', '배가 떠 있는 이유는 부력 때문이에요.' 등 자신의 경험이나 지식을 유추해 낸다.

이처럼 언어의 기능을 잘 파악하고 있으면 상황에 가장 적절한 언어표현을 유도할 수 있으며 자신의 의사표현을 최대치로 전달할 수 있다.

예를 들어, 엄마와 아이가 길을 가다가 사고 싶은 장난감이 있다. 이때 한 아이는 그 장난감을 사고 싶어서 엄마를 조른다. "저거 사 줘." "어서 사 줘." 하면서 '통제적 기능'으로 징징거린다. 이에 엄마는 '안 돼' '어서 가', '돈 없어', '맞는다.' 등 역시 '통제적 기능'으로 윽박지른다. 이럴 때 그 다음 상황은 미리 예측할 수 있다. 엄마와 아이는 의사소통의 실패로 끝난다.

반면 위와 똑같은 상황이 연출된 상태에서 아이가 '엄마, 나, 저거 사주면 안 돼?' '엄마가 돈 없는데 어떡하지?' '저거 사고 싶은데…….' '그럼 저걸 사 줄

테니까 게임기는 안사도 되지?' '응' '그래. 알았어.' 이처럼 '상호작용적 기능'으로 언어표현을 했다면 엄마와 아이 의사소통은 성공이다. 즉, 같은 상황이라도 어떤 언어기능으로 표현하느냐에 따라서 달라진다. 특히 영·유아를 맡고 있는 교사는 언어의 기능을 잘 이해하고 효율적으로 사용하여 바람직한 언어생활을 하도록 지도해야 한다.

Ⅲ. 창의력과 논리

1. 다양한 시각으로 바라보기
2. 정의적 사고영역
3. 인지적 사고영역
4. 창의적인 교사

1. 다양한 시각으로 바라보기

창의력과 논리는 전혀 다른 사고영역처럼 보이지만 아주 밀접한 관계가 있다.

논리적인 사고가 추출되기 위해서 선행되어야 하는 사고과정이 창의력이기 때문이다. 어떠한 상황이나 사물 또는 문제에 대해서 "왜?", "어떻게?" 라는 질문이 던져질 때 먼저 "상상력"이 펼쳐지면서 창의력이 형성된다. 이 과정에서 추출된 답 중에서 가장 적합한 답을 도출해 내어 논리적으로 주장하거나 설명하게 된다면 가장 바람직한 논리적인 사고가 된다.

창의력은 고정관념을 탈피하는 데서부터 시작된다.

우리가 사물이나 현상을 바라보는 시각이 한 곳에 고정될 경우는 한 가지 해결방법 밖에 도출할 수밖에 없다. 하지만 다양한 시각에서 해결방법을 찾게 된다면 여러 가지 가운데 가장 적합한 방법에 근접하게 된다. 예를 들어, 나에게 가장 적합한 옷을 사기 위해서는 다양한 디자인과 사이즈가 있는 옷가게에 가서 고르는 것이 훨씬 좋은 결과를 얻을 수 있다. 만약 한두 개의 디자인과 사이즈가 있는 옷가게에서 고른다면 선택의 여지가 없기 때문에 만족하기가 힘든 이치와 같다.

어린이의 창의력이란 어린이가 새로운 것을 생각해 내거나 표현하는 경우에 작용하는 힘, 즉 그 어린이의 상상력, 표현력, 태도 등을 통틀어 말한다.

창의력은 개방된 마음으로 모든 사물을 새로운 관점으로 보려는 노력이다. 길포드 *Guilford*에 의하면 창의력은 새로운 것을 낳는 힘이다.

짐 테일러 *Jim Taylor*는 학문을 세 가지의 창의성으로 분류하였는데, 표현적 창의력은 예술과 문학, 발명적 창의력은 과학과 기술, 혁신적 창의력은 조직과 경영으로 구분하였는데, 모든 학문에 창의력이 필요하다는 점을 강조하고 있다.

그렇다면 창의력은 타고나는 것인가? 키워지는 것인가? 라는 질문이 제기되는데, 결론적으로 학자들은 창의력이 교육에 의해서 향상될 수 있다고 본다. 창의력과 두뇌는 밀접한 관계가 있는데, 창의력은 두뇌개발에 의해서 향상될 수 있다는 이론이 지배적으로 대부분의 교육현장에서 적용되고 있다.

대체로 창의력은 타고난 성향 *person*, 창의적인 과정 *process*, 산물 *product*, 환경 *press*으로 이루어지는데 이를 '창의성 4p'라고 한다.

1) 타고난 성향 *person*

창의적인 사람은 현실적이며 이상적인 것을 추구한다.

스텐버그 이론에 의하면 창의적인 사람은 모호함에 대한 인내심이 강하고 고정 틀을 벗어나 적절한 위험을 감수할 수 있는 성향을 지니고 있다. 또한 타인이 인정하는 것보다 자기 내적인 보상에 더 가치를 두고 단독으로 하는 것을 좋아하므로 독립심이 강하다. 더불어 자기 자신의 분야에 많은 지식과 관심을 가지고 있다.

2) 창의적인 과정 *process*

창의적인 사람은 어떤 일의 결과를 한순간에 구하고자 하지 않는다. 결과를 자꾸 유예시키는 모라토리움 *Moratorium*[1]형을 취한다. 결말을 뒤로 미룸으로써 생각하는 걸 즐기고 생각의 폭을 넓히고 생각의 깊이를 깊게 가짐으로써 새로운 결과를 기대하는 창의적 과정을 즐긴다.

---

1) 모라토리움이란 원래 경제용어로서 지불유예기간 支拂猶豫期間이라는 의미로, 미국의 정신병리학자 E. H. 에릭슨은 이 말을 사회심리학 용어로 전용 轉用하여, 청년기는 지식 · 기술의 연수 때문에 지적 · 육체적 · 성적 性的 능력면에서는 제구실을 할 수 있는데도 불구하고 여전히 사회인으로서의 의무와 책임의 지불을 유예당하고 있는 상태라고 정의하였다.

3) 산물 *product*

창의적인 생각과 창의적인 과정으로 산출한 산물은 창의적일 수밖에 없다. 창의력을 향상시키고자 하는 목적은 바로 창의적인 산물에 있다. 창의적인 산물은 현실의 결핍을 보완할 수 있고 충족되지 못한 욕구를 충족시켜 줄 수 있으며 개인의 차원을 넘어서서 인류적인 산물이 된다.

4) 환경 *press*

창의적인 인물은 창의적인 환경을 전제로 한다.

에디슨이 달걀을 품고 있을 때나, 라이트 형제가 하늘을 날 수 있는 방법을 연구했을 때 부모가 그러한 행위를 극구 말렸다면 창의적인 산물은 결코 나오지 못했을 것이다.

모든 지식은 창의력을 모태로 산출되는 결과물이다. 특히 인문사회계열, 과학, 예술 분야에서 창의적인 성향을 가진 사람이 그러한 환경 아래, 창의적인 과정을 거쳐, 특별한 사람으로 거듭 태어날 수 있는 것이다.

그렇다고 모두가 특별한 사람이 되기 위해서 창의력을 향상시키는 것은 아니다. 오히려 평범한 사람에게 일상생활을 보다 편리하게, 지혜롭게, 알차게, 풍성하게, 여유롭게 살아가기 위해서 필요한 사고영역이다.

2. 정의적 사고영역

창의적인 사고기능은 정의적인 사고영역과 인지적인 사고영역으로 구분한다.

정의적 사고영역은 선천적인 기질, 성향을 의미한다. 타고난 성향이란 수정되기 어렵지만 나이가 어리면 어릴수록 타고난 성향도 교육에 의해 향상될 수 있다고 한다.

스텐버그 이론에 의하면 정의적인 사고영역을 골고루 갖춘 사람이 창의적인 사람이라고 규정짓고 있다.

1) 민감성

모든 사물에 대하여 민감한 사고로 문제의 결핍을 찾아내는 사고영역이다.

주변 환경에 관해 민감한 관심을 보이고 이를 통해 새로운 탐색 영역을 넓히는 성향으로 유아, 유치부 연령층에서 발달한다.

민감성에는 왜? 라는 질문에서부터 시작한다. 따라서 교육환경이나 조건 등이 지나치게 충족되어 있는 것은 모자람보다 못하다.

민감성이 강한 성향은 주변의 환경에 관해 민감한 관심을 보이고 이를 통해 새로운 탐색영역을 넓히고자 한다. 특히 나이가 어리면 어릴수록 주변에 대한 민감성이 크므로 'Why?'라는 질문과 호기심을 갖는다.

예시

- 분명한 현상에서도 문제 만들기 -

1. 사과인 줄 알면서도 "이게 뭐야?"라는 질문
2. 귀는 왜 두 개야?
3. 왜 나뭇잎이 떨어져?
4. 강아지는 왜 기어 다녀?
5. 눈은 왜 깜박거려?
6. 나무는 왜 하늘을 볼까?
7. 물은 왜 아래로 떨어질까?

– 친밀한 것을 이상한 것으로 생각해 보기 –

1. 전화기는 왜 이렇게 생겼을까?
2. 텔레비전은 왜 네모지?
3. 왼손으로 그려보기, 크게 써 보기, 작게 써 보기
4. 오감 훈련 : 음료수 냄새, 비밀상자 안의 물건 만지기, 소리 알아맞히기

☞ 질문의 지속성이 요구된다.

2) 자발성

자발성이란, 주어진 상황에서 아이디어를 자발적으로 산출하려는 성향이나 태도를 말한다. 창의적인 사람은 스스로 하는 것을 좋아한다. 자발성에 의한 사람의 유형을 두 가지로 구분하면 '장 場 의존적인 사람/장 場 독립적인 사람'으로 구분하는데, '장 場 의존적인 사람'은 전체의 맥락을 중시하므로 인문사회 영역의 직업이 잘 어울린다. 반면 '장 場 독립적인 사람'은 혼자서 해결하고자 하는 자발성이 강하므로 순수 과학영역의 일이 어울린다고 본다.

예를 들어 저녁 6시 무렵 남편이 회사직원들을 데리고 집에 온다고 연락이 왔다. 이에 대처하는 아내의 유형을 구분하면 혼자서 장을 보고 끙끙거리며 저녁식사 준비하는 아내형(장 독립적인 사람), 옆집 아줌마의 도움을 받거나 혹은 일식 · 중식 · 한식집 식당에 전화해서 음식을 주문하여 식사를 준비하는 아내형(장 의존적인 사람)이 있다.

자발성은 어릴 때부터 습관화시키면 생각하는 힘을 키워주게 된다. 누가 시켜서 생각하는 것이 아니라 스스로 해결하려는 의지를 말한다.

예시

1. 스스로 옷 입기, 신발 신기, 먹기 등
2. 자전거 타기, 퍼즐 혼자서 맞추기 등

3) 인내심

문제가 해결될 때까지 끈질기게 참아 내는 성향으로, 어떤 일을 해결하고자 할 때 모호함이나 어려움을 이겨내기 위한 인내심이 강한 경우다. 인내심은 모호함을 계속 끌게 하므로 결과를 보고자 한다.

예를 들어 어린이가 개미의 움직임을 꼼짝 않고 관찰하거나, 레고를 가지고 끝까지 자신이 원하는 모양을 만들어 내고자 열중하거나, 잘 풀리지 않는 문제를 풀기 위해 몇 시간이고 끙끙거리는 태도는 인내심이 강하다고 볼 수 있다.

예시

1. 음악이 끝날 때까지 가만히 눈을 감고 듣기
2. 만다라 그림, 토런스 그림 가만히 바라보기
3. 명상의 시간

☞ 자발성과 인내심 성향은 밀접한 관계가 있으므로 자발성을 유도하면 인내심은 함께 향상시킬 수 있다.

4) 개방성

모든 가능성의 틀을 깰 수 있는 사고영역을 의미한다.

일상적인 고정관념에서 탈피하므로 생각의 폭이 넓어진다. 예를 들면 연못은 꼭 집 밖에 있어야 한다는 고정관념에서 벗어나 실내 연못이 만들어졌다. 꼭 있어야 하는 것과 첨가, 재고, 방향 등에서 개방적인 사고로 전체를 바라보는 것이다.

☞ 개방성은 고정관념을 탈피하는 사고에서 비롯되므로 독창성과 직결되는 사고영역이다.

5) 모험심

항상 생동감 있게 주변의 사물에 대해 의문을 갖고 끊임없이 질문을 제기하려는 성향이다. 새로운 것을 추구하거나 남다른 경험을 하고자 할 때 적절한 위험을 감수하고자 한다.

예를 들어 어린이가 학원이나 슈퍼를 갈 때 늘 가던 길만 고집하는 경우와 자꾸 다른 길로 가보고 싶어하는 경우가 있는데, 이럴 때 낯선 길을 모색하고자 하는 어린이가 모험심이 강하다.

☞ 남다른 생각, 문제해결력, 아이디어를 산출하거나 산물을 얻고자 한다면 모험심이 전제되어야 한다.

3. 인지적 사고영역

1) 유창성

주어진 문제에 대하여 새로운 아이디어를 빠르게 많이 만들어 내는 사고영역이다.

예를 들어 이것으로 무엇을 할 수 있을까? 라는 질문을 했을 경우, 맞든 틀리든 상관없이 많은 생각을 유추해 내는 능력을 말한다. 이는 문제를 해결하기 위하여 뇌가 생각을 하고 있다는 의미이기도 하다. 그러므로 유창성은 창의력을 이끌어 내는 출발점이라고 할 수 있다.

예시

1. 앞뒤 글자가 똑같이 세 글자로 되어 있는 낱말은?
2. 차갑고 파란 것은?
3. 뜨겁고 빨간 것은?
4. 수시로 색깔이 변하는 것은?
5. 네모와 세모가 만나면?
6. 동그라미 3개로 만들 수 있는 것은?
7. 이쑤시개로 할 수 있는 것은?
8. 단추로 할 수 있는 것은?
9. 책을 읽지 않는 이유는?
10. 끈으로 무엇을 할 수 있을까?
11. 코끼리 코가 짧아진다면 어떤 일이 일어날까?

2) 융통성

남녀노소를 막론하고 살아가다 보면 크고 작은 문제에 부딪히게 되고 그 문제를 해결해야 할 경우가 발생한다. 주어진 문제를 해결하려면 다양한 각도에서 신중히 생각해야 최상의 해답을 얻어 낼 수 있다. 이러한 사고영역이 바로 융통성이다.

주어진 문제에 대해 한 가지 방법에만 집착하지 않고, 다양한 접근 방법을 취해야 할 경우나 실생활에서 예기치 않게 어려운 문제에 부딪쳤을 경우 특별히 요구되는 사고영역이다. 융통성은 문제해결 방법과의 관련성, 은유, 결합, 수정, 확대, 축소, 다른 용도의 활용, 제거, 재배열하기의 사고영역에서 생겨나며,

사고의 폭을 넓히고 깊게 하기 때문에 융통성이 있는 사람은 문제해결 능력도 뛰어난다.

예를 들어 화장실에 갔는데 휴지가 없다. 어떻게 해결할 것인가? 신발 한 짝이 없어졌다면 어떻게 할 것인가? 공부 시간에 지우개가 없다면 어떻게 할 것인가? 목이 마른데 물이 없다면 어떻게 할 것인가? 등 다양한 상황들이 있다.

관련된 동화로, 이솝의 〈까마귀와 물병〉, 전래동화 중 〈흰돌 검은돌〉 등이 있다.

예시

- 이상한 것을 친밀하게 생각해 보기 -

1. 내가 만약 지렁이라면?
2. 다양한 표정 찾기
3. 부족한 장난감 해결 방안(고장 난 시계, 고장 난 장난감 등)
4. 역할놀이(만약 if~then법)
5. 동전으로 할 수 있는 것은?

- 친밀한 것을 이상하게 생각해 보기 -

1. 냉장고를 따뜻하게 할 수는 없나? - 온장고 개발
2. 별모양 보도블록은 없나? - 다양한 색깔과 모양의 보도블록 제작
3. 자장면과 피자를 한국의 것으로 만들면? - 한국형 자장면, 불고기 피자 만들기
4. 리모컨을 하나로 뭉쳐 버리면? - 종합리모컨 제작

3) 독창성

독창성은 창의적 사고의 이상적이고 최종적인 목표영역으로, 문제 사태에 대해 통상적인 것에서 탈피하여 독특하고 참신한 아이디어를 산출해 내는 사고능력이다. 똑같이 주어진 문제지만 자신만의 독특한 사고로 남다른 방법과 생각을

해 낼 수 있는 사고를 말한다.

예를 들어 '나비를 표현해 보자'라고 했을 때 나비라고 글씨를 쓰거나 나비 그림을 그리는 것보다 나비 노래 부르기, 나비 흉내내기 등을 생각해 내는 사고가 독창성이다. 요즘 광고에서 보듯이 "얼음이 녹으면 무엇이 될까요?" 했을 때 모두가 "물"이라고 했지만 "봄이요~"라고 대답할 수 있는 것이 독창성이다.

독창성은 기존 생각을 부정하는 데서 또 다른 독특한 생각을 유출해 낼 수 있다. 또한 운동 규칙을 새롭게 만들기, 책상 배치 방법을 새롭게 하기, 거꾸로 말하기 등이 좋은 예다.

예시

- 다양한 도구를 이용하여 새로운 모습 찾기 -

1. 거울, 돋보기, 현미경 등을 이용하여 새로운 모습 찾아보기
2. 연기가 올라가는 모양 살펴보기
3. 스포츠 규칙을 새롭게 만들기, 가구 배치 방법 다시 하기
4. 분노, 기쁨, 희망, 음악, 폭풍 등을 그림, 글, 동작으로 표현하기
5. 상황만 제시한 크리에이티브 *creative* 드라마를 표현하기
6. 그림을 이용하여 나만의 일기 쓰기
7. 폐품을 이용하여 색다르게 연못 속의 생물 만들기
8. 보물 지도 만들기
9. 단어를 독특한 그림으로 형상화하기

4) 정교성

정교성이란 다듬어지지 않은 기존의 아이디어를 보다 치밀하고 완전하게 만들어 발전시키는 사고 능력으로, 어떤 일을 할 때 정확하게 혹은 현실화시킬 수 있도록 생각하는 사고영역이다.

정교성은 부분으로 전체 구성하기, 세세하게 표현하기 등으로 표현된다.

예시

1. 집안, 유치원, 놀이터 등 상하좌우 구석구석을 관찰하기
2. 동네 골목길 다녀 보기
3. 눈감고 진흙으로 만들기
4. 빈틈없이 색칠하기
5. 자세히 그리기
6. 그대로 따라 하기

4. 창의적인 교사

창의력을 향상시킬 수 있는 포인트는 질문의 지속성이다.

교사는 주어진 문제에 대해 단답형의 답변으로 끝내지 말고 질문 이어가기를 통해 아이들이 계속해서 생각할 수 있는 기회를 만들어 주어야 한다.

1) 촛불에 불을 댕겨라.

촛불은 불을 붙여야만 빛을 발한다. 두뇌가 활동할 수 있도록 사고의 기회를 만들고 제공한다.

2) TOT *Top Over Talk* 현상을 즐겨라.

입에 뱅뱅 도는 그 어떤 표현을 포기하지 말고 끝까지 생각하여 산출할 수 있도록 TOT현상을 즐기는 습관을 가진다.

3) 때로는 NO가 필요하다!

합의된 것에 맞서는 행위 또는 비판에 맞설 수 있는 태도다.
모두가 'Yes'를 외칠 때 'No'라고 말할 수 있는 태도가 필요하다.
(단, 부정을 위한 부정이 아니라, 긍정적이고 발전을 위한 No이어야 함.)

4) 튀어 보자.

일상적인 자신의 모습에서 벗어나 하고 싶은, 표현하고 싶은 행동을 연출해 본다. 그랬을 때 평소에 이해하지 못했던 일, 생각하지 못했던 일, 느껴 보지 못했던 감각을 느낄 수 있다.

5) 개방식 질문을 하라.

게첼과 잭슨은 창의성 향상을 위한 두 가지 사고유형으로 수렴적 사고와 발산적 사고를 제시한 바 있는데, 발산적 사고는 어떤 질문에 대하여 많은 아이디어를 산출하도록 유도하는 개방식 질문을 의미하고, 수렴적 사고는 많은 아이디어 중에서 가장 효율적이고 가장 알맞은 용도의 해답을 찾아내는 사고영역이라는 것이다.

- 개방식 질문 : 정답이 없다. 그러나 많은 양의 대답을 요구한다.
- 감정과 관련된 질문 : 어린이의 가치나 감정을 파악할 수 있게 한다.

…할 때 어떻게 느끼니?
…에 관하여 너의 느낌은 어떻게 설명할 수 있을까?
…중에서 어떤 것이 더 중요할까?
…이와 똑같이 느꼈던 다른 경우는 언제일까?

6) 브레인 스토밍 *brain storming*을 하라.

참여자의 자기발달을 위한 것으로 상상력, 즉흥성을 유도하는 집단토론 기법이다. 의사 전달 능력이 향상된다는 것이 장점이다.

- 스스로의 성공 경험으로 자아개념이 향상된다.
- 사회성을 도모한다.
- 감성지수 *EQ* 능력이 향상된다.
- 조망수용 능력이 향상된다. : '저 사람은 나와 다르다'는 것을 인정

7) 창의성 드라마를 즐겨라!

창의성 드라마는 동화 속의 한 문장이나 등장인물의 태도를 중심으로 충분히 활용할 수 있다.

먼저 교사와 어린이의 수용적인 태도가 우선적이다. Time out 기법을 정하여 다른 사람의 몰입을 방해하는 행위는 확고하게 배제한다. 교사는 어린이가 부정적인 관심을 끄는 행위를 할 때 완전 무시한다. 교사는 과장됨이 없이 어린이의 주관적인 사고를 존중하여 대답을 인정해 주도록 한다.

문제해결 시 어린이가 사고를 할 수 있도록 기회를 주어야 하며, 교사는 어린이의 사고 방향을 잡아 주는 역할을 해야 한다. 교사는 어린이의 생각이 끝이 나면 그 끝을 연계하여 또 다시 생각할 수 있도록 연결고리를 만들어 줘야 한다.

8) 창의성 드라마 예시자료

(1) 리드믹 음악활동

규칙적이거나 불규칙적인 리듬 패턴과 음악을 활용한다. 음악무드에 대하여

모방적이며 해설적인 반응을 표현해 보는 놀이다. 가령 음악을 듣고 그 느낌을 손, 동물, 사람 등으로 흉내를 내는 행위를 하도록 한다. 단, 어떤 것을 표현하는 동작인지 설명이 따라야 한다.

(2) 감각 자각연습

오감 五感 중에 각 영역을 사용해서 어떤 경험을 상상적으로 해석하고 몸으로 표현하도록 한다.

예를 들어, 미각을 활용할 경우, 커피, 오렌지 주스의 냄새를 몸, 얼굴표정, 손 등으로 표현한다. 촉각을 활용하는 경우, 비밀상자에 촉각을 자극할 수 있는 물건들을 넣어 놓고 그 촉각을 노래, 몸, 이야기로 표현한다.

또는 책을 풍선으로 연상하여 옮기는 몸동작, 다양한 소리를 들려주고 알아맞히는 놀이 등 스태플러 소리, 빨래판 훑는 소리, 볏짚 만지는 소리, 찢는 소리, 음료수 캔을 우그러뜨리는 소리 등을 들려주면서 표정으로 혹은 몸동작으로 표현하는 놀이 등이 있다.

(3) 팬터마임 *pantomime*

소리나 대사 없이 몸의 움직임만으로 특정상황을 표현하는 방법이다. 물체, 동물, 인물의 움직임을 표현한다.

(4) 즉흥극 卽興劇

즉석에서 연출하는 행위다. 예를 들어서 듣기 싫은 소리를 들었을 때 표현하는 행위, 배가 아파서 힘들어 하는 모습, 잠꼬대하는 모습 등 다양한 상황만 제시해 준 뒤 즉흥적으로 표현하도록 한다.

(5) 이야기극

어떤 이야기를 들려주고 절정 혹은 위기 부분에서 그 다음 이야기를 꾸미게 함으로써 상상력과 표현력을 향상시킨다. 동화 내용을 중심으로 이루어지되 신체의 각 부분을 활용할 수 있으며 개인, 짝, 소집단, 단체집단 순으로 연결할 수 있다.

(6) 부분표현 놀이

신체의 한 부분만 사용하여 창의적으로 표현하는 놀이다.

예를 들어, 머리를 이용하여 종치기, 대답하기, 공굴리기 등으로 표현한다. 그 외 팔을 활용하여 톱질, 시계바늘, 수영, 배젓기 등을 하거나, 손을 이용하여 파리잡기, 밀가루반죽, 세수, 뱀 등 나타내기, 몸으로 개미의 움직임, 비둘기 먹이 먹는 모습, 캥거루 뛰는 모습, 회오리바람, 스프링, 아이스크림이 녹는 모양, 연기가 피어오르는 모양, 계단을 오를 때(연령별로 다르게 함) 등 주제가 무궁무진하다.

걷기로는 눈에 비눗방울이 들어갔을 때, 머리에 물병을 이고 갈 때, 등에 짐을 지고 갈 때, 쫓기고 있을 때. 도둑의 움직임, 사랑할 때, 할 수 없이 따라 갈 때 등이 있다.

Ⅳ. 토의 · 토론과 발표

1. 토의
2. 토론
3. 발표

코니카우 *Kornikau*와 맥클로이 *McElroy*에 의하면, '읽은 것은 10%를 기억하고, 들은 것은 20%를 기억하고, 본 것은 30%를 기억하고, 듣고 본 것은 50%를 기억하고, 말한 것은 70%를 기억하고, 말하고 행동한 것은 90%를 기억한다.'고 보고하고 있어 언어생활 가운데 말하기 영역이 얼마나 중요한 지를 밝히고 있다.

언어생활은 말하기 · 듣기 · 읽기 · 쓰기가 균형 있게 이루어졌을 때 바람직한 결과를 얻어 낼 수 있다. 특히 토론과 발표는 말하기와 듣기 능력을 향상시켜 주고 논리적 · 비판적 · 창의적인 사고력을 증진시키며, 글쓰기의 기초를 탄탄하게 다져 주기 때문에 교양인이라면 누구나 토론과 발표문화에 익숙하지 않으면 안 된다.

이처럼 효율적인 의사소통을 위해서 토의 · 토론문화가 정착해야 함에도 불구하고 오랫동안 유교문화가 지배해 온 우리나라의 경우, 이른바 상하의 종속관계, 장유유서의 수직적 사고가 뿌리내려 토론 문화가 제대로 형성되지 못했다. 게다가 주입식 학교 교육으로 인해 토론과 발표에 대한 체계적이고 전문적인 학습이 부진했던 게 사실이다.

여기에는 토론문화를 소홀히 해 온 가정의 책임도 있다. 예를 들어, 부모와 자식 간의 대화 범위는 "밥 먹어라", "숙제해라", "어서 자거라" 등 일상적인 행위에 대하여 상명하달 중심으로 이루어졌고, "학교에 가서 선생님 말씀 잘 듣고 와라", "오늘 선생님 말씀 잘 듣고 왔느냐?"는 등의 일방적 대화방식을 취함으로써 어릴 때부터 언어의 4대 영역 가운데 유독 듣기만을 강조해 온 가정교육에 문제가 있다고 본다. 같은 상황에서 유태인 부모는 어린아이에게 "학교에 가서 선생님께 많은 것을 물어 보고 오너라.", "오늘은 선생님께 어떤 것들을 물어 보았느냐?"라고 질문하여 듣기영역과 말하기 영역을 동시에 향상시킴으로써 토론문화를 정착시키고 있는 점에 주목할 필요가 있다.

다행히 최근 서울시 교육청에서 2014년까지 독서 · 토론 · 논술교육의 수업시수를 전체의 30% 수준으로 확대할 계획이라는 보도가 있어 앞으로 우리나라의 교육방향에 대한 기대가 크다. 주지하는 바 독서 · 토론 · 논술은 상호 아주 밀접한 관계를 맺고 있다. 독서를 통해서 토론의 주제를 발견하게 되고, 토론을 통해서 보다 폭넓은 지식을 다양하게 습득하며, 다른 사람들의 다양한 사고나 판단 내지 발표능력을 비판적으로 학습할 때 비로소 논리적인 사고가 형성되는 것이다.

토의와 토론은 의사소통의 방법으로 지금까지 많이 이야기되어 왔지만, 분명한 의미를 터득하지 못하여 실제상황에 부딪치면 의외로 혼동하고 당황하는 사례가 많다. 토의 · 토론문화를 정착하기 위해서는 먼저 토의와 토론의 차이점을 분명히 파악하고 나서 보다 체계적으로 개념을 이해하는 일이 중요하다고 본다.

토의와 토론의 차이점	
토의	**토론**
· 참여자가 의논과 협의를 통해 문제해결책을 찾아내고자 하는 **이야기형태**다. · 주어진 문제에 대하여 **최상의 해답**을 찾아내는 데 의미가 있다. · 참여자가 서로 협력해서 생각의 폭을 넓혀 나가는 **확산적 사고 중심**이다. · 여러 사람이 협의해서 좋은 의견을 찾는 **집단사고 형태**다. · 자유스럽게 의논하고 발언하는 것으로 발표할 때 **제약 조건이 거의 없다**. · 최고의 해결방법을 찾기 위하여 참여자들이 **상호보완적인 자세**로 임한다.	· 참여자가 자신만의 해결책으로 상대방을 설득시키고자 하는 **대립형태**다. · 주어진 문제에 대하여 **자신의 생각을 주장**하여 **상대방을 설득**하는데 의미가 있다. · 토론자가 상호간 대립을 통해서 자신의 주장만을 펼쳐 나가는 **수렴적 사고 중심**이다. · 상호간 의견 대립으로 반전을 꾀하고자 하는 **개별사고 형태**다. · 규칙과 절차 및 방법이 정해져 있으므로 **제약 조건을 준수**해야 한다. · 찬성/반대의 뚜렷한 의견을 바탕으로 주장하므로 상대의 의견에 대해 **비판 및 반박하는 자세**다.

☞ 토의와 토론의 주제 예시

토의의 주제 – 결론은 다양	**토론의 주제 – 결론은 찬 · 반 중 택일**
· 환경을 보호하기 위해 우리가 할 수 있는 일은? · 방학을 알차게 보내는 방법은? · 진정한 친구란 무엇인가? · 용돈은 어디에 쓰는 게 바람직한가?	· 텔레비전은 유해한가! 무해한가! · 꼭 국산품만 사용해야 한다! · 교통질서는 꼭 지켜야 하나? · 폭력은 항상 나쁜 것인가?

1. 토의

토의 *discussion*란 여러 사람이 모여 어떤 공통적인 문제에 대하여 의견, 정보, 생각 등을 나누면서 생각의 폭을 넓히고, 협의를 통해 해결책을 찾아 내고자 하는 집단사고의 과정이며, 협동적인 의사소통의 말하기 형태다.

독일의 철학자 하버마스 *Jürgen Habermas*는 생활세계의 합리화 속에서 상호조정을 위해 돈과 권력 등 비언어적 수단에 의존하는 경향이 발전되는 상황에서 커뮤니케이션에 의한 합의에 근거하여 사회통합의 영역을 넓혀 가는 일이 현대사회가 해결해야 할 과제라고 강조하고, 논의와 통찰만으로 합의에 이를 수 있는 합리적인 공론의 영역을 확보하는 제도를 만들어야 한다고 주장한다.

그에 따르면, 인간의 커뮤니케이션은 정보교환과 토의의 두 가지로 분류할 수 있는데, 일반적으로 일정한 규범화에서 정보교환이 이루어지고 있지만 그 규범의 정당성이 의문시되었을 때는 토의가 이루어진다.

토의의 참여자들은 모두 대등한 입장으로 참여하고, 각각 타당한 요구를 내걸고 자기주장을 하여 보다 좋은 논거만을 권위로서 인정한다. 최종적으로 모든 참가자가 동의할 수 있는 규범만이 타당하다고 인정하며, 이것을 '토의 윤리학 원칙'이라고 한다.

또한 결정된 규범은 그것에 의한 영향이 어느 당사자의 이익도 침해하지 않고 누구라도 받아들일 수 있어야 하는데, 이것을 '보편화 원칙'이라고 한다.

토의에 의한 집단적 의사결정은 자유주의의 전통에 의하면서도 개인의 의사와 인식은 변화할 수 있으며 공동체의 합의와 연대를 실현할 수 있다.

토의할 때는 자유롭게 의논하고 발언하기 때문에 별다른 제약 조건이 없다. 상대방과의 의견대립이 아니라 문제해결을 위한 의견의 일치를 얻으려고 서로 협동하여 이야기하는 형식이기 때문이다. 다만 토의에 참석자들은 주어진 문제의 의미를 정확하게 인식하고 개인의 입장이 아니라 공동의 입장에서 가장 최선의 해결책이 무엇인가를 선택해야 한다. 그리고 해결 방안을 실천하기 위한 의지를 갖는 것이 토의의 마지막 절차로서 매우 중요하다.

토의 활동을 통해 배울 수 있는 장점은 다음과 같다.

- 토의 과정을 통해 사회 구성원으로서의 자세를 배울 수 있다.
- 자신의 생각과 의사를 분명히 표현하는 방법을 배울 수 있다.
- 다른 사람의 의견을 이해하고 비판적으로 받아들이는 태도를 배울 수 있다.
- 민주적인 의사 결정 태도를 배울 수 있다.

1) 토의 주제선정

토의 주제를 선정할 때는 참석자들의 의견이 첨예하게 대립되는 내용을 피하되, 다음 세 가지 사항에 유의해야 한다.

첫째, 공통의 관심을 유도할 수 있어야 한다.

토의 참여자들과 직접 관련되어 있고 관심을 끌 수 있는 문제가 적당하다. 예를 들어, 각각 다른 학교에 다니는 학생들을 모아 놓고 특정학교의 발전을 위해서 토의를 한다면 바람직하지 않다.

둘째, 여러 사람이 함께 생각할 수 있는 주제가 좋다.

예를 들어, 토의 참여자들이 잘 알지 못하는 전문적인 주제를 선정한다면 토의자들이 자유롭게 많은 의견을 제시할 수 없다. 문제 해결 방안에 따라 많은 사람들의 의견이 제시되어 서로의 생각을 교환할 수 있는 문제라야 한다.

셋째, 해결 가능성이 있는 주제를 선택해야 한다.

예를 들어, 도깨비를 잡을 수 있는 방법, 외계인을 찾아 내는 방법 등의 주제는 올바르지 않다. 토의 목적이 문제를 해결하고 실천하기 위한 것이기 때문에 현실적으로 해결방법이 모호한 주제는 바람직하지 않다.

☞ **토의 주제 예시자료**

① 우리 학과를 가장 효율적으로 홍보할 수 있는 방법
② 자취생활비를 최대한 절약할 수 있는 방법
③ 학교에서 휴대폰 사용을 줄이는 방법
④ 알뜰 데이트를 할 수 있는 방법
⑤ 우리 집 지출을 줄일 수 있는 방법

2) 토의 형태

토의 형태는 토의의 목적과 토의에 참여하는 자, 청중의 수, 좌석의 배치 등에 따라 원탁토의, 소집단토의, 배심토의, 자유토의, 사례토의 등으로 구분할 수 있다.

(1) 원탁토의

이 말의 기원은 5세기에서 6세기경에 걸쳐 영국을 지배했던 전설적인 영웅인 아서 *Arthur* 왕에서 비롯되었다. 아서왕 주변에는 훌륭한 기사들이 많았는데 기사들 사이에 자리다툼이 일어나지 않도록 대리석 원형 테이블을 만들어 둘러앉아 회의를 진행했다. 당시 기사로서 원탁에 앉을 수 있다는 것은 최고의 명예였고, 그 원탁에서 각종 문제를 공정하게 토의했다. 바로 여기에서 '원탁의 기사'라는 말이 유래했고, 또 거기에서 '원탁토의'가 나오게 되었다.

따라서 원탁토의는 10명 내외 작은 규모의 집단이 참가자의 나이, 직위 등의 구별 없이 평등한 입장에서 자유롭게 의견을 나눌 수 있는 토의 형태를 말한다.

(2) 소집단토의

소집단의 사람들이 공통목적을 의식하고 자신들의 상호관계, 방향결정, 문제 해결 등을 위해 토의하는 것을 말한다. 지역조직모임이나 주부교실, 연구모임 등에서 볼 수 있다. 소집단토의는 상담, 토의의 기본적 형식으로 소수의 인원(20명 이내)이 사회자와 서기를 두고 진행하는 형태다. 토의 목적을 명확히 하고 자료를 준비하여 온화한 분위기로 실시하는 것이 중요하다.

(3) 배심토의

좌담식 공개토의 방식으로 구성원이 많아 모든 사람에게 발언할 기회를 주지 못하여 전체적인 토의가 성립되지 않는 경우 채택하는 토의형태다. 선발된 토의자들은 단상에서 특정 논제나 문제에 관하여 좌담식 자유토의를 하고, 청중은 적당한 기회에 질문을 하거나 의견을 진술하여 전체 토의가 이루어진다.

어느 하나의 문제에 대해 각 개인 또는 사회 각계의 입장이 서로 다를 때, 각각의 입장을 대표하는 전문가 또는 책임자들이 그들의 입장에서 토의하는데 4~6명의 배심원과 청중들, 사회자로 구성된다. 이 토의는 토의자들이 각자의 지식이나 정보 등을 서로 교환함으로써 그 문제를 깊이 이해하고 앞으로의 행동 방안을 여러 각도에서 찾는 것이 특징이다.

배심토의의 변형으로는 토의자 외에 전문가를 배심시켜 토의에 직접 참여하지 않으면서 단순히 자료제공의 역할만을 하게 하는 '콜로키 폼 *colloquy form*'도 있다. 토의자는 의견이 다른 대표자 또는 전문적 지식이 있는 사람이어야 하며, 토의는 배심토의자의 좌담에 그쳐서는 안 되고, 청중의 적극적인 참여가 이루어져야 한다.

(4) 자유토의

의회에서 행하여지는 정부에 대한 질문이나 정당정책 등 국정에 관한 자유로운 토의다. 의회의 의사 議事 절차에 관한 방식의 하나이다. 의제 議題로서 특정한 안건을 제시하지 않고 각 의원이 국정에 관하여 국민이 관심을 가지는 어떠한 문제든지 의제로 삼아 자유롭게 토의하는 것이다. 이 제도는 영국의회정치의 발전과정에서 생긴 것으로, 국민의 관심을 끄는 국정상의 문제를 의회의 전 全 의원들에게 주지시킬 목적으로 행하여진다. 영국에서는 '자유토의를 의회정치의 생명'이라고까지 말하고 있으며, 1주일에 2회는 반드시 자유토의를 하도록 제도화되었으나 최근에는 주요 안건의 증가로 자유토의 시간이 감소하고 있다.

(5) 사례토의

어떤 실제 사례를 과제로 내놓고 이 사례에 어떻게 대처해야 하는지를 집단적으로 토의해서 결론을 얻으려고 하는 것이다. 예를 들면, 안전교육의 방법으로서 가장 적합한 교육방식이며, 특히 감독자급의 안전교육으로서 효과가 있는 방식이다. 이 방식은 구체적인 재해사례에서 검토하여 거기에 존재하는 처치의 원리를 결론삼아서 귀납적으로 이해, 납득해 가는 것이다.

토의 순서는 대체로 (1) 사실의 확인 → (2) 문제점의 발견 → (3) 근본적 문제점의 결정 → (4) 대책의 수립 등으로 이루어진다.

아울러 사례토의를 진행할 때에는 다음과 같은 점에 유의해야 한다.

① 리더, 서브리더 및 기록계 등을 정한다.

② 과제로 하는 사례를 정하고 미리 참가자에게 배포해서 개별적으로 연구시킨다.

③ 참가자로부터 질문을 받는다(필요한 정보를 제공한다).

④ 토의

3) 토의 진행방법

토의를 하려면 토의에 직접적으로 참여하여 함께 의견을 나누는 토의자가 있어야 하고, 토의자들의 의견을 들으며 함께하는 청중과 토의를 원활하게 이끌어 가기 위하여 사회자가 필요한데, 각자의 역할을 잘 수행할 때 원만한 토의가 이루어진다.

(1) 토의자

- 토의자는 정해진 규칙을 따라야 한다.
- 청중이나 다른 토의자의 질문에 성실히 답변하고자 하는 능동적인 자세로 임한다.
- 토의 주제에 대하여 사전 정보지식을 조사하는 자세가 필요하다.
- 다양한 관점에서 문제해결 방법을 모색하려는 마음을 갖는다.
- 다른 사람의 의견을 비판하지 않는다.
- 고정관념에서 탈피하여 생각하려는 태도가 중요하다.
- 주제에서 벗어나지 않도록 하고, 이야기를 독점하지 않는다.
- 발표시간을 준수한다.
- 다른 사람의 이야기에 갑자기 끼어들지 않는다.

(2) 사회자

- 토의 내용이 다른 방향으로 흐르지 않도록 방향을 잡는다.
- 토의자들이 적극적으로 참여할 수 있도록 기회를 골고루 제공한다.
- 미리 참가자에게 토의 내용을 배포해서 개별적으로 연구시킨다.
- 그밖에 필요한 정보를 제공하거나 참가자로부터 질문을 받는다.
- 사회자는 중립적인 자세에서 해결방법을 모색해야 한다.

(3) 청중

- 토의 참가자들의 발언 내용을 잘 듣는다.
- 궁금한 내용은 메모해 두었다가 지정된 시간에 질문한다.
- 적극적으로 토의 주제에 참여한다는 생각으로 임한다.

2. 토론

21세기를 일컬어 개인의 자율성을 존중하고 소통과 협력을 중시하며 수평적 관계가 핵을 이루는 네트워크사회라고 한다. 의사소통에 의해서 만남이 이루어지고, 그 만남들이 모여 하나의 네트워크를 형성하므로 네트워크를 만들지 못하면 사회로부터 고립되고 소외될 수밖에 없다. 다시 말해서 네트워크사회에서 가장 중요한 능력은 바로 의사소통 능력이고, 네트워크는 그 자체가 의사소통이라는 매체에 의해 구성되므로, 의사소통 능력이 없는 사람은 자연히 그 집단으로부터 도태될 수밖에 없다. 따라서 글로벌시대의 리더로 성공하려면 우선 토론 *debate*과 발표문화에 익숙해야 할 뿐 아니라 남다른 차별성을 가져야 한다.

토론에 대하여 그 동안 많은 학자들이 여러 가지 정의를 내린 바 있지만, 프릴리 *Freely*에 의하면 '어떤 논제에 대해 긍정하고 부정하는 양측이 논증을 통해서 자기주장의 정당함을 내세우고, 상대방의 주장이 부당함을 밝힘으로써 청중으로 하여금 합리적인 의사 결정에 이르게 하는 경쟁적 담화의 한 유형이며, 어떤 명제에 대해 합리적 이유에 입각한 판단을 내리기 위하여 진행되는 주장과 반박 및 질의와 응답의 과정'이라는 견해와, 배상식이 '토론은 토의에 비해 훨씬 더 논리적이고 비판적이며 대결적'이라고 한 견해는 토론의 성격을 분명히 제시해 준 경우라고 하겠다.

한 마디로 토론이란 어떤 논쟁거리에 대하여 찬성하거나 반대하는 사람이 자신의 주장을 관철시키기 위하여 논리적인 근거를 제시하면서 상대방의 의견을 반박하는 말하기의 한 방식으로, 설득을 통하여 상대방의 태도를 변화시키는 것이 주된 목적이다. 따라서 토론은 대립적 입장에 서서 생각을 전개하면서 최선의 결론을 얻어 내는 합리적 의사결정의 한 수단이다.

토론의 이러한 기본적인 성격을 모르거나 토론에 익숙하지 못할 경우 최선의 결론을 얻어 내기는커녕 상대방의 인격을 무시하게 되고 마침내 과격한 다툼이나 불미스런 행동으로 이어지기도 한다.

1) 토론의 규칙

토론이 원만하게 이루어지려면 먼저 공정한 토론 규칙을 만들고 토론자로 하여금 그 규칙을 엄격히 지키도록 해야 한다. 사회자는 토론자들이 자기만의 승리를 위해 상대방을 무시하거나 경우에 어긋난 주장을 내세워 감정적인 싸움으로 변질되는 것을 방지하기 위해 철저하게 토론 규칙에 맞춰 진행하도록 해야 한다.

성공적인 토론을 하기 위해서는 대체로 다음과 같은 규칙이 필요하다.

첫째, 토론의 주제를 정한다.

토론의 논제는 뚜렷한 논쟁점을 지녀야 하고 찬성과 반대가 뚜렷하게 나타나는 것이 좋다.

둘째, 토론의 전체적인 시간을 정한다.

TV의 시사토론을 비롯한 모든 토론은 대체로 일정한 시간을 정해 놓고 이루어진다.

셋째, 양측의 발언시간, 발언순서, 발언횟수를 동등하게 분배한다.

특히 이 부분은 어느 한쪽이 불이익을 당하지 않도록 사회자의 공평한 진행이 요구된다.

넷째, 원칙적으로 주제에 찬성하는 쪽이 먼저 발언하도록 진행하되, 먼저 발언한 쪽의 불리함을 감안하여 마지막 발언 또한 찬성하는 쪽이 하도록 한다.

다섯째, 토론은 구두로 진행해야 한다.

여섯째, 토론이 끝나면 판정을 내리고 토론자는 그 결과에 긍정적으로 승복한다.

2) 토론의 유형

토론의 유형은 의사소통의 목적이나 특성에 따라 다양하게 분류할 수 있으나 아래와 같이 나누는 게 비교적 무난하다.

(1) 자유토론

주제 발표에 대해서 참가자 전원이 자유롭게 논의할 수 있는 토론방식이다. 비교적 주제가 평범하고 일반적이거나 참가자들이 주제와 관련하여 일정한 수준의 지식을 가지고 있을 때 효과적인 토론방법이다.

참가자 누구나 자유롭게 토론에 참여할 수 있을 뿐더러 주제 발표 후에 곧바로 전체토론으로 이어지기 때문에 사회자가 효과적으로 운영만 잘 한다면 다수의 참가자들이 적극적으로 참여하게 되므로 토론의 본래 목적에 가장 부응하는 방법이라고 할 수 있다.

따라서 자유토론에서 사회자의 역할은 막중하다. 사회자가 토론 주제에 대해서 객관적인 견해를 가져야 함을 물론이고, 주제발표자 이상으로 토론 주제에 대해 깊은 지식을 가지고 있어야 한다. 참가자 누구나 토론에 참여할 수 있으므로 논의가 주제에 어긋날 경우, 사회자는 쟁점을 명쾌하게 정리해 주면서 토론을 올바른 방향으로 유도할 수 있어야 하고, 소주제를 적재적소에 적당히 배치하여 논의함으로써 토론의 맥을 짚어 주어야 한다.

자유토론은 미리 대주제만 제시하고 주제발표가 끝난 후에 사회자가 쟁점별,

또는 세목별로 소주제를 잡아서 진행하는 게 일반적이지만, 처음부터 미리 대주제와 소주제를 정한 후에 진행할 수도 있어서 주제의 성격에 맞게 결정하면 된다.

하지만 자유토론은 참가자들이 주제에 대해서 사전 준비가 없거나 주제에 대한 지식이 부족할 경우 토론의 내용이 빈약해질 수 있고, 주제로부터 거리가 멀어져 방만해지기 쉽다는 단점이 있다.

자유토론은 대체로 다음과 같은 순서에 의해 진행하는 게 좋다.

첫째, 발표자와 사회자를 정한다.
둘째, 주제발표 후 쟁점별 또는 세목별로 소주제를 정한다.
셋째, 소주제별 토론과 대주제에 대한 종합토론 순서로 진행한다.
넷째, 사회자는 토론의 핵심내용과 쟁점을 정리해 준다.
다섯째, 강평을 한다.

(2) 지정토론

자유토론과 달리 토론 주제가 어렵거나 전문적인 성향을 띤 경우 효과적이다. 따라서 지정토론은 발표자와 지정토론자가 미리 정해진 상태에서 진행되기 때문에 발표자와 지정토론자 사이에 철저한 사전 준비가 전제되었을 때 효과가 극대화될 수 있다. 또한 지정토론자의 분위기가 전체 토론으로 이어지기 때문에 지정토론자들도 발표자 이상으로 철저한 준비가 필요하다. 따라서 주제발표 원고는 최대한 빨리 지정토론자들에게 전달하여 사전에 철저히 토론 준비를 하도록 해야 한다.

발표자와 지정토론자의 사전 준비가 부실할 경우, 전문성이 희박해지거나 깊이가 없어 토론의 성과를 기대할 수 없으며, 발표자와 지정토론자가 중심이 되므로 일반 참가자들이 토론에 참여하는 태도가 소극적이고 참여율도 저조하다는 게 단점이다.

지정토론을 하기 위한 준비와 순서는 다음과 같다.

첫째, 발표자와 지정토론자, 사회자를 정한다.
둘째, 발표 원고와 지정토론문을 사전 검토하고 보완한다.
셋째, 발표와 지정토론을 진행한다.
넷째, 전체 토론 전에 사회자가 지정토론의 주요 쟁점을 정리해 준다.
다섯째, 전체 토론을 통해 쟁점에 대한 다양한 의견을 듣는다.
여섯째, 강평을 한다.

(3) 분임토론

몇 개의 조를 단위로 이루어지는 토론방법이다. 분임토론은 참가자가 많아서 몇 개의 조로 나누어 토론해야 할 경우나, 주제의 폭이 넓어서 조별로 소주제를 주어 토론할 경우에 효과적이다. 각 조별로 사회자가 있기 때문에 참가자가 많더라도 집중력 있게 토론을 이끌어 갈 수 있으며, 각 조마다 소주제를 주어 토론하게 하고 그 결과를 전체 토론에서 종합할 경우 짧은 시간에 효과를 극대화할 수 있다는 점이 장점이다. 특히 토론의 규모가 작으면 토론 참여가 훨씬 용이하고 분위기에 적용하는 것도 쉽기 때문에 토론에 익숙하지 못한 학생집단에 적절한 방식이다.

반면, 각 조에 사회자나 토론자를 능력별로 잘 배치하지 않을 경우, 조별로 토론의 수준이 천차만별이 되어 좋은 결과를 기대하기 어렵고, 조를 여러 개로 나누었을 때 토론에 대한 전체적인 관리가 어렵다는 게 단점이다.

분임토론의 주제는 전체적으로 동일한 주제를 주어 토론하게 하는 경우와 동일한 주제 아래 각 조별로 소주제를 정해 주어 토론하도록 하는 경우가 있다. 다만, 분임토론의 조별 결과물은 최종적인 것이 아니기 때문에 반드시 전체 토론의 과정을 통해 의견을 종합해야 한다.

분임토론을 효과적으로 진행하기 위해서는 다음과 같은 준비와 순서가 필요하다.

첫째, 우선 토론조를 편성하고 조별로 사회자와 서기를 정한다.
둘째, 조별 사회자의 진행으로 조별 토론을 하고, 서기는 토론의 주요 내용을 논리적으로 정리한다.
셋째, 분임토론이 끝나면 전체 토론을 통해 의견을 수렴하고 종합한다.
넷째, 강평을 한다.

(4) 난상토론

일정한 주제를 놓고 아무런 격식이나 제한을 두지 않고 자유롭게 이루어지는 토론방식이다. 특별히 주제 발표가 없어도 되고, 사회자의 역할 또한 극히 최소화된다는 점에서 자유토론과 구별된다.

난상토론은 모든 사람이 관심을 갖고 있는 시사적인 문제를 다룰 때에 효과적이다. 간혹 전문적인 문제를 놓고 난상토론을 하는 경우도 있지만 아무래도 시사성 있는 문제가 사전 준비에도 좋고 가까이 접할 수 있어서 토론의 주제로 알맞다.

난상토론은 한 마디로 토론 가운데 가장 자유로운 토론이므로 신선하고 창의적인 의견을 도출해 낼 수 있다는 게 장점이다. 또한 불특정 다수의 참가자들로부터 상식과 통념을 뛰어넘는 발언이 언제든지 튀어나올 가능성이 있기 때문에, 사회자는 아예 토론을 이끌 생각보다 토론이 주제에서 지나치게 벗어나지 않도록 제어하는 데 주력해야 한다. 최상의 난상토론은 사회자를 두지 않는다는 사실을 명심해야 한다. 토론자들이 토론을 이끌 경우 사회자가 굳이 필요하지 않기 때문이다.

난상토론의 단점은 토론이 주제에서 벗어날 위험성이 크다는 점이다. 자칫 난장판으로 전락할 위험성이 가장 높은 토론인데 바로 이 부분에서 사회자의 역할이 요구된다. 따라서 사회자는 토론 주제에 대해서 누구보다도 깊이 있고 전문적인 지식을 지니고 있어야 토론의 개입은 최소화하면서 토론의 방향을 분명하게 잡아 줄 수 있다. 그리고 참가자들이 주제에 대해 충분히 숙지했을 경우 사회자가 없어도 원만한 토론이 이루어질 수 있으므로 미리 토론의 주제에 대하여 공지하는 것도 바람직한 방법이다.

난상토론이 제대로 이루어졌을 때 최선의 합리성과 최고의 생산성을 이끌어 낼 수 있다고 한다. 따라서 난상토론은 토론의 이상형이라고 할 수 있다.

난상토론은 대체로 다음과 같은 순서에 의해 진행한다.

첫째, 먼저 토론 참여자들과 협의하여 주제를 정한다.
둘째, 사회자는 상황에 따라 둘 수도 있고 안 둘 수도 있다.
셋째, 주제를 놓고 난상토론을 시작한다.
넷째, 사회자가 필요할 경우 사회자의 개입은 최소화한다.
다섯째, 강평을 한다.

(5) 세미나

세미나는 학술토론을 의미한다. 토론 참여자들이 발표자인 동시에 토론자가 되는 토론으로, 참여도를 극대화할 수 있는 방식이다.

또한 세미나는 학술적인 분야의 토론인 만큼 가장 깊이 있는 토론이 가능하지만, 주제에 대한 지식이 미흡할 경우 토론 자체가 불가능하다는 점이 문제다. 따라서 세미나에 관심이 있다면 자신의 세부 전공에 맞춰 참가하는 일이 중요하다. 아울러 세미나는 참석 인원이 많으면 원활한 토론이 어렵다. 10여 명 내외가 적절한 인원으로 최대 20명이 넘을 경우 사실상 세미나는 불가능하다. 세미나 참여자는 최대 20명 이내로 제한하고 나머지는 참관인 자격으로 배치하는 것이 좋다. 세미나의 효율적인 진행을 위해서는 인원조정이 불가피하다. 참관인들에게는 세미나가 종료된 다음 질의 · 응답의 기회를 주는 것이 좋다.

원활한 세미나를 위해서 다음과 같은 준비와 순서가 필요하다.

첫째, 먼저 토론 참여자들과 협의하여 전공과 직결된 주제를 정한다.
둘째, 세미나 참여자와 참관자를 정한다.
셋째, 세미나를 진행한다. 참여자들은 발표와 토론을 병행한다.
넷째, 세미나 종료 후에 참관인들에게 질의 · 답변 시간을 준다.
다섯째, 강평을 한다.

3) 토론의 실제

(1) 토론 진행자의 요건과 역할

토론은 근본적으로 한 주제를 놓고 찬성과 반대의 양론이 대립하기 때문에 원활한 진행을 위해서 진행자가 필요하다. 진행자는 주어진 문제해결을 위해서 참여자들이 주제에서 벗어나지 않도록 조정하는 일, 참여자에게 균등한 기회를 제공하는 일, 상황에 맞는 사례들을 적재적시에 제시하는 일, 해결방안을 모색하거나 새로운 정보를 제공하는 일, 해결방안 사이의 관계를 명쾌하게 해 주는 일, 지금까지의 논의를 수시로 요약하고 방향을 제시하는 일 등 전체적인 흐름을 주도하기 때문에 어느 한쪽에 치우치는 일 없이 공평하고 객관적인 자세를 갖는 것이 중요하다.

토론의 진행자가 갖추어야 할 요건과 역할은 대체로 다음과 같다.

첫째, 적극적인 자세와 폭넓은 사고로 토론이 끝까지 원만하게 잘 진행되도록 최선을 다 해야 한다. 특히 토론 참여자들이 서로 잘 모르는 사람들로 구성되었을 경우 어색한 분위기 속에서 토론 진행이 어려우므로 진행자는 속히 서로의 관계가 활성화되도록 분위기를 조성한다. 아울러 발제를 선명하게 알리고 토론이 논점에서 벗어나지 않도록 주의를 준다.

둘째, 찬성과 반대쪽의 의견이 팽팽히 맞섰을 때, 어느 한쪽에 치우치지 않도록 진행하되 주제에서 일탈할 경우 수시로 양측을 제어해야 한다. 따라서 진행자는 이따금 토론의 진행 상황을 요약하거나 설명해 줌으로써 결론이나 해결책을 유도하고 참가자들의 주의를 환기시킨다. 이 때 자신의 의견이나 발언은 억제한다.

셋째, 특정한 사상이나 의견을 옹호하지 않도록 특히 객관적이고 중립적인 태도를 지켜야 한다. 토론 중에 사실과 의견을 명확히 구분하되 요약과 질문을 적절히 삽입하여 토론이 매끄럽게 진행되도록 한다.

넷째, 마무리 발언을 통해 토론의 결과, 의의 등을 사실대로 간략하게 정리, 보고한다. 결론이 도출되는 단계에 이르면 지금까지의 토론 내용을 다시 한 번 정리하고 마무리를 짓는다. 특히 이 때 진행자 개인의 생각으로 결론을 내리거나 의견을 제시해서는 안 된다.

(2) 토론 참여자의 태도

예의에 벗어나면서 격렬한 말싸움으로 상대방을 이기는 것이 토론의 목적이 아니다. 인간은 다른 동물과 달리 일정한 의사소통 과정을 거쳐서 가정을 이루고 하나의 사회를 형성한다. 의사소통이 원활하지 못하면 계획한 일이 무산될 뿐 아니라 조직도 무너지게 된다.

토론의 가장 주된 목적은 바로 원활한 의사소통으로 최상의 결과물을 도출해 내는데 있다. 그러나 인간이나 동물들이 모여 사는 세상에서는 이권과 관계되는 어떤 문제가 발생했을 때 필연적으로 갈등상황에 빠지게 된다. 그런 경우에 동물은 힘으로 갈등문제를 해결하지만, 인간은 토론이라는 수단을 통해 문제를 원만히 해결하고자 노력하는 점이 다르다.

특히 인간은 자라온 환경이나, 지식수준, 성격, 감정, 사고, 정서 등이 다르기 때문에 같은 문제를 놓고도 서로 다른 견해를 가질 뿐 아니라, 편협적인 시각으로 자기의 생각만을 옹호하려는 경향이 있어서 토론에 대한 기본 지식이나 토론자로서의 교양을 갖추지 않으면 동물과 다름없이 폭력이나 힘에 의존하여 문제를 해결하려고 한다.

품위 있고, 효율적인 토론을 하려면 먼저 토론자 스스로 다음과 같은 기본적 소양을 갖추도록 노력해야 한다.

첫째, 예절 바르고 품위 있는 행동을 해야 한다.

평소에 조용하고 교양이 있다는 사람도 막상 토론에 임하게 되면 감정에 치우쳐서 언어가 거칠어지거나 행동이 격해지는 경우가 발생할 수 있으므로 특별히 감정조절에 유의해야 한다.

그렇다고 토론을 할 때 침묵을 하면서 얌전히 앉아 있기만 하면 안 된다. 토론을 할 때는 열정적이고 적극적인 태도로 참여해야 한다. 이와 같은 태도는 토론에 참여하는 자로서 상대방을 존중하는 의미도 있지만 토론의 주제에 신중을 기하고 있다는 의미이기도 하다. 오히려 수동적이거나 소극적인 자세는 상대방을 불쾌하게 만들며 토론을 지켜보는 사람들에게도 무능한 존재로 비춰질 수 있다.

다만, 지나친 열정으로 오만과 편견으로 일관하거나 독선적인 태도를 취하지 않도록 유의해야 한다. 자기의 생각과 다르다고 해서 갑자기 언성을 높이거나 상대방을 향해 삿대질을 하는 행위는 삼가야 한다. 그리고 자기 의견만을 고집하는 나머지 상대방의 의견을 무시하고 격이 없는 언어를 써가며 시비를 걸거나 비아냥거리는 행위는 절대로 금해야 한다. 아울러 토론자는 방청객들이 일거수일투족을 주시하고 있으므로 몸가짐을 바르게 가져야 한다. 다리를 꼬고 앉거나 턱을 괴는 일, 그리고 눈을 내리깔고 상대방을 보면서 말하는 일 등은 삼가야 한다. 끝까지 교양인으로서의 자세에 어긋나지 않도록 모든 언행심사를 조심해야 한다.

둘째, 토론의 논제에 대해 미리 충분한 자료를 준비해야 한다.

지금 이 시점에서 왜 그와 같은 주제로 토론하는지 그 목적을 분명히 알아야 건강한 결론을 추출할 수 있다. 다시 말해서 토론자들이 논제의 성격이나 범주를 제대로 알았을 때 논제에서 일탈하지 않고 정해진 시간에 최대의 효과를 얻어낼 수 있는 것이다. 그러기 위해서는 논제에 대한 충분한 지식을 가지고 있어야 한다. 개인적이고 일반적인 지식이 아니라, 전문적이고 객관성이 있어야 하며, 깊이 있는 지식이라야 설득력이 있다. 그러나 이러한 지식들은 자료수집으로 끝나면 안 되고, 자신의 것으로 완전히 소화시켜서 자유자재로 현장에 활용할 수 있어야 가치가 있다.

또한 자신의 논지에 대해 상대가 어떤 반론을 제기할지 예상하고 그에 대한 대응책을 미리 치밀하게 준비해야 한다. 자기주장의 전달력과 호소력을 극대화하기 위하여 논거에 대해 충실히 검토하고 논리적 질서를 갖추어 발표하도록 준비해야 한다. 심지어 언어의 선택이나 음성의 고저장단 조절, 적당한 상황연출 등에 대해서도 세심한 준비가 필요하다.

토론은 시장바닥에서 목소리 큰 사람이 이기는 주먹구구식의 의사소통 방법이 아니라, 최고의 교양과 지성을 통해 양질의 결과물을 창출해 내는 가장 인간다운 의사소통 수단이기 때문에 철저한 사전 준비가 필요하다.

셋째, 상대방의 말을 경청해야 한다.

상대의 의견을 듣지 않고는 자신의 의견을 판단할 수 없기 때문이다. 상대의 말을 잘 들으면서 자신과 공통점은 무엇이며, 어떤 부분에서 차이가 있으며, 서로 주장하는 견해 사이에는 어떤 관련이 있으며, 한 차원 더 높게 발전시켜 나가기 위해서는 어떤 전략이 필요한지를 차분한 마음으로 이해하며 다음 단계로 나가야 한다. 토론은 힘이나 폭력을 통해서 이루어지는 것이 아니기 때문에 서로 다른 견해를 드러내는 과정에서 상대의 의견을 존중하며 설득력 있게 자신의 생각을 관철해 나가는 태도가 무엇보다 중요하다. 상대의 의견을 반박해야 할 경우에도 상대방의 언어능력을 인정하는 기술이 필요하다. 토론에서 비판의 대상은 사람이 아니라 바로 의견 자체이기 때문이다.

아울러 상대방의 말을 들을 때는 스스로의 마음부터 개방해야 한다. 토론자가 자기의 생각만이 최상인 것처럼 폐쇄적인 사고를 가지고 있으면 원만한 토론은 기대하기 어렵다. 개방적인 사고로 상대방의 말을 참을성 있게 경청했을 때 비로소 상대방의 생각과 논지를 정확히 파악할 수 있을 뿐 아니라, 정곡을 찌르는 언어와 역동적인 표현으로 자신의 생각을 통쾌하게 관철시킬 수 있다.

(3) 토론의 절차

토론은 성격이나 상황에 따라 다소 차이가 있지만 일반적으로 다음과 같은 절차에 따라 이루어진다.

① 주장 펼치기

자기의 주장을 분명하게 제시한다. 자기주장의 근거인 사실과 논거가 더 정당하고 가치 있음을 자신 있게, 구체적으로 진술한다. 주장은 상대의 동의를 목표로 하기 때문에 그 목표를 달성하기에 적합한 주장을 펼쳐야 하는데, 첫째로 보편타당성을 인정받을 수 있도록 합리적인 주장을 해야 하고, 다음으로 논리적 근거와 경험적 근거를 적절하게 제시할 수 있어야 한다. 이를 뒷받침하기 위해서는 평소에 폭넓은 독서를 통해서 사고력을 갖추는 훈련이 필요하다.

② 반론하기

자신의 주장에 대하여 호감과 신뢰성을 높이는 단계이므로 무엇보다도 표현력을 갖추어야 한다. 같은 내용을 말하더라도 어떻게 말하느냐에 따라서 다르게 받아들이기 때문이다. 상대방의 주장과 근거인 사실과 논거를 일단 인정하는 태도를 보이되 상대방의 주장과 근거에 문제가 있는지 여러 각도에서 분석하여 취약점을 찾아 내고 그 약점들을 지적하면서 상대방의 논거를 반박한다. 이때 상대방의 주장에 대한 결함을 파악하여 이를 비판함과 동시에 자기편 주장의 타당성이나 우월성을 인식시킨다. 이를 위해서 상대방의 주장을 잘 듣는 것이 매우 중요하고 평소에 문학에 관련된 독서를 통하여 적절한 표현력과 효과적인 수사법을 익혀야 한다.

③ 주장 다지기

반론하기에서 인정된 근거에 의해 주장을 다지는 단계로 자기주장의 요점들을 중간에 반복하여 말함으로써 상대방에게 자신의 주장을 분명하게 인식시킨다.

결론단계에 이르면 토론내용을 정리, 요약, 반복하고 만약 결론이 나지 않았을 때는 토론의 범위와 문제점을 정리하고 토론을 종결한다.

④ 판정하기

각 단계에서 잘 된 점을 중심으로 평가하고 결과를 판정한다.

(4) 토론의 평가

토론은 우리의 삶 가운데서 중요한 판단이나 결정을 내릴 때에 가장 민주적으로 이루어지는 의사소통 행위이기 때문에 본질을 벗어나면 문제해결은커녕 갈등이나 편견이 고조되어 오히려 인간관계가 악화되는 경우가 있다. 따라서 토론이 끝나고 나면 반드시 모든 참여자가 객관적인 입장에 서서 토론의 진행과정이나 결과에 대하여 평가의 기회를 갖는 것이 좋다.

토론평가표

평가자	학과 :	학번 :	이름 :
토론제목	제목 :		
일시, 장소	일시 :	장소 :	
진행자	소속 :	이름 :	
토론자	찬성팀 이름		
	반대팀 이름		

평가 항목		배점	찬성팀 평점	반대팀 평점
진행자 역할	개방적이고 폭넓은 사고로 공정하게 진행했나?	4		
	찬 · 반이 대립했을 때 조정 역할을 잘 했나?	3		

	진행과정에서 의견을 잘 정리하면서 원활하게 이끌어 갔나?	3		
토론자 태도	적극적으로 참여하되 시종 매너 있게 행동했나?	10		
	중간에 상대방의 말을 가로채지 않고 경청했나?	10		
	적재적소에서 자기의 주장을 논리적이며 합리적으로 내세웠나?	10		
토론 내용	언어는 상황에 맞게 잘 사용하였나?	10		
	문제점을 발견하고 적절한 논거로 주장했나?	10		
	결과물을 합리적으로 도출해 냈나?	10		
토론 절차	자기의 주장을 명쾌하게 제시했나?	10		
	상대방의 결함을 제대로 비판하되 자기편 주장의 타당성이나 우월성을 바르게 인식시켰나?	10		
	상대방에게 자신의 주장을 분명하게 인식시켰나?	10		
		총점		

(5) 토론 연습

① 다음은 개체에 의한 이기적 행동의 여러 가지 예다. 글을 읽고 '인간은 과연 이기적 동물인가? 아니면 그와 반대로 이타적 동물인가?' 하는 문제에 대해 토론을 하고 〈토론평가표〉에 의해 평가를 해 보자.

> 검은머리 갈매기는 커다란 집단을 이루어 집을 짓는데 둥지와 둥지 사이는 불과 수 미터밖에 안 된다. 갓 태어난 어린 새끼는 무방비 상태이기 때문에 포식자에게 먹히기가 쉽다. 어떤 갈매기는 이웃 갈매기가 먹이를 찾아 집을 떠날 때까지 기다렸다가 그 둥지를 습격하여 어린 새끼를 삼켜 버리는 경우가 흔히 있다. 그리하여 그 갈매기는 먹이를 잡으러 나가는 수고를 할 필요도 없이 자기 둥지를 지키는 동시에 풍부한 영양을 섭취할 수 있다.

> 이기적이라는 말은 동족끼리 잡아먹는 것과 같은 극단적인 경우에는 자제해야 할 표현일지 모르겠으나 다음의 예는 이기적이라는 정의에 잘 부합된다. 남극의 황제펭귄에 관해 보고된 비겁한 행동을 살펴보면 아마도 누구나 쉽게 동의할 수 있을 것이다.
>
> 이 펭귄은 바다표범에게 잡아먹힐 위험이 있기 때문에 물가에 서서 물에 뛰어들기를 주저하는 것을 흔히 볼 수 있다. 그 중 한 마리가 뛰어들기만 하면 나머지 펭귄은 바다표범이 있는지 없는지를 알 수 있다. 당연히 어떤 펭귄도 자기가 희생물이 되려고 하지 않기 때문에 황제펭귄 모두가 그저 누군가가 뛰어들기만을 기다릴 뿐이다. 그리고 때때로 서로 밀치다가 무리 중의 하나를 떠밀어 버리려고까지 한다.
>
> 더 일반적으로는 이기적 행동이란 다만 먹이나 영역, 또는 교미의 상대와 같은 가치 있는 자원을 서로 나누기를 거부하는 행위이다.
>
> \- *Richard Dawkins*의 〈사람은 왜 존재하는가〉 일부

② 다음 주제에 대하여 유형별로 토론을 해 보고 〈토론평가표〉에 의해 평가를 해 보자.

<토론 주제>

1. '한글의 올바른 사용'에 대하여 찬 · 반 두 팀으로 나누어 자유토론을 해 봅시다.
2. '예술작품에서 성적 묘사의 한계'에 대하여 발표자와 4명 정도의 지정토론자를 정해 놓고 지정토론을 해 봅시다.
3. '각국의 결혼제도'에 대해서 조별로 나라를 정하여 분임토론을 한 뒤, 정리된 내용을 전체토론에 부쳐 결론을 추출해 봅시다.
4. '스마트폰과 여가선용'에 대해서 난상토론을 해 봅시다.
5. '남 · 북 언어의 이질화 현상'에 대해서 학술적인 차원에서 세미나를 해 봅시다.

3. 발표

발표 *presentation*는 청중을 대상으로 자신의 생각을 말하여 공감대를 얻어 내는 의사소통의 한 방식이다.

지식기반사회가 의사소통의 중요성을 급부상시키면서 발표능력은 단순히 내용 전달의 차원을 넘어 청중과의 소통을 강조하고 있다. 따라서 발표자는 청중의 이해를 돕고 자신이 조사한 내용이나 연구결과, 또는 전문지식이나 수집한 정보를 효과적으로 전달하기 위하여 컴퓨터 응용프로그램이나 온갖 시청각 자료를 활용하는 등 철저하게 사전 준비를 해야 한다.

이미 대학 강단을 비롯해 우리사회의 전반에 걸쳐 보편화되어 있는 프레젠테이션 *presentation*은 자신의 생각을 단순히 '내용전달'이라는 기존의 발표 개념에서 벗어나, 시청각 자료를 비롯한 여러 가지 최첨단 방법을 동원하여 청중과의 의사소통에 중점을 두는 현대적 발표 개념이다. 체계적이면서 설득력 있는 의사소통을 하려면 먼저 발표에 대한 기술을 배우고 익힐 필요가 있다.

에릭 프롬 *Erich Fromm*이 『사랑의 기술』이라는 책에서 '사랑을 하려거든 사랑하는 기술을 배워라'고 말한 것처럼 발표를 잘 하려면 발표기술을 배워야 한다. 조리 있게 사고하고 발표하는 것은 선천적일 수도 있으나 교육과 훈련을 통해 배울 수 있는 것이다. 발표의 목적과 주제를 파악하는 일이 기술이요, 청중을 면밀히 분석하는 일도 기술이다. 관련 자료를 수집하고 정리하는 일이나 전달력 있게 자료를 제작하는 일도 기술이요, 컴퓨터 프로그램을 활용하는 일이나 조리 있게 설득력 있는 발표로 청중과 원활하게 의사소통하는 일 또한 기술이다. 이러한 기술을 배우고 익혔을 때 비로소 경쟁력 있고 차별화된 발표를 할 수 있다.

1) 발표를 위한 기초

발표를 잘하기 위해서는 여러 가지 사전 준비가 필요하다. 주제와 관련된 자료를 철저히 준비하는 것은 물론 평소 발표에 필요한 지식과 테크닉을 함양해야 한다. 그리고 청중을 자유자재로 리드할 수 있는 감각과 능력이 있어야 하며, 참가자의 수준이나 인원수를 미리 파악하고 발표 장소에 대한 사전 답사도 필요하다.

(1) 의사소통과 거리

사람들이 이용하는 공간의 거리는 상황에 따라서 또는 친밀감이나 사회적 지위 등에 따라 거리가 조정되는데 의사소통 수단의 하나인 발표 현장에서도 예외일 수 없다. 인류학자 에드워드 홀 *Hall*은 일찍이 그의 저서 『The Hidden Dimension』에서 모든 위치 또는 거리는 청중과의 거리에 따라 결정된다는 거리론을 제시한 바 있다. 그에 따르면 모든 동물을 포함하여 사람들은 일정한 자기 영역을 확보하기 위한 본능이 있다는 것이다. 특히 발표의 수단이 말하기라고 할 때 발표자가 말하기를 하는 동안 자신의 영역을 확보하고 자신의 위치를 잘 잡아나가는 일은 대단히 중요하다. 홀은 의사소통의 거리를 대략 다음과 같이 나누어 설명하고 있다.

① 친밀한 거리 *intimate distance*

청중과의 거리가 45cm 이내로 아주 친밀한 친구나 애인 사이, 또는 엄마와 아기간의 거리에 해당한다. 다정한 대화를 위해 유지되는 거리이며, 낮은 속삭임으로 사적인 의사소통이 가능하다.

② 사적인 거리 *personal distance*

청중과의 거리가 45~120cm로 조용한 대화나 사교할 수 있는 거리다. 낮은 목소리로 허물없는 대화를 할 수 있으며, 주로 사무실 안이나 거리에서 보통사람들이 유지하는 거리다.

③ **사회적인 거리** *social distance*

청중과의 거리가 120~360cm로 학생과 교사, 사장과 비서 간의 거리다. 주로 사무적 관계로 만난 사람들이 유지하는 거리다.

④ **공적인 거리** *public distance*

청중과의 거리가 360cm 이상으로 공식적인 스피치를 위한 거리다. 강의실에서 교수와 학생, 연사와 청중간의 거리에 해당한다.

의사소통 거리는 감정을 표현하는 한 가지 방식이다. 좋아하는 사람에게는 가까이 가고, 그렇지 않으면 멀어지게 마련이다.

그 외의 다른 공간적인 요소도 의사소통에 영향을 끼친다. 즉 방의 배치라든가 회의 탁자의 모양, 학생 수에 대비한 교실의 크기, 자리배치 등에 따라 의사소통적 가치가 달라진다. 예를 들어 탁자를 중심으로 마주 보고 앉아 있으면 서로 대립관계로 지각되며, 같은 쪽에 나란히 앉거나 모서리를 끼더라도 바로 옆에 앉아 있으면 친근감 내지 협력관계에 있음을 인식하게 된다. 우리가 때때로 다른 사람과 관련하여 자신이 어느 위치에 앉을 것인가를 고민하게 되는데, 의사소통에서 적당한 거리를 유지하는 것은 대단히 중요한 의미를 지니고 있기 때문이다.

(2) 발표와 예절

의사소통의 중요한 수단인 말은 자신의 생각과 느낌을 상대방에게 정확하게 전달하는데 일차적인 목표가 있다. 이 목표를 달성하기 위해 발표자는 기본적으로 다음과 같은 원칙을 지켜야 한다.

① 청자의 주의를 집중시켜 끝까지 발표의 내용에 흥미와 관심을 갖도록 한다.

② 상대방이 내용을 정확히 납득하도록 자신의 생각을 명쾌하게 표현한다.

③ 인격이 담겨있는 진실한 말과 성실한 태도로 발표에 임한다.

특히 발표자는 언어예절에 각별한 관심을 가져야 한다. 우리말의 경우 상대방에 따라 말을 높이거나 낮추어야 하는 경어법이 있어 이를 지키지 않으면 큰 실수를 하게 된다.

공자는 일찍이 "시(詩經)를 읽지 않으면 말할 수 없고, 예(禮記)를 읽지 않으면 설 수 없다"고 한 바 있다. 사람에게 있어서 언어예절과 행동예절의 중요성을 강조한 것으로 이것은 본능적인 행위에 맡겨 줄 수 있는 것이 아니라 기본적인 학습의 과제임을 깨우쳐 준다. 특히 인간의 언어행위는 단순히 기능적인 측면을 넘어 정의적, 도덕적 가치에 깊이 관여하고 있음을 시사해 주고 있다.

언어예절은 여러 가지 상황에 따라 다르겠지만 일반적으로 다음 두 가지 요인에 의해 다르게 적용된다.

첫째, 화자와 청자의 관계는 지위와 연령에 따라 달라지는데, 이에 따라 상대방을 부르는 호칭체계와 경어체계가 달리 적용된다. 대체적으로 연령에 따라 그 언어예절의 등급이 정해지지만, 경우에 따라서는 연령과 관계없이 사회적 지위에 따라 언어예절의 등급은 달라진다.

둘째 요인은 대화가 이루어지는 상황에 따라 달라진다. 어떠한 상황에서 대화가 이루어지느냐에 따라 그에 맞는 적절한 언어예절이 있다. 단순한 친교적 기능으로서 인사의 상황이 있는가 하면, 격식을 갖추어 말을 해야 하는 애경사의 상황도 있다. 친구간이라도 사적인 자리와 공적인 자리에서의 언어예절이 달라야 한다.

그리고 우리말의 호칭체계가 매우 복잡하므로 발표자는 상대방의 호칭에 대해서도 상황에 맞추어 예의를 갖추어야 한다. 어떤 경우에 어떤 호칭을 사용하느냐에 따라 상대방에 대한 예우의 척도가 달라지므로 발표자가 청중 앞에서 개인이나 단체를 언급할 때는 특히 세심하게 주의를 기울여야 한다.

(3) 청중을 리드하기

발표를 성공적으로 이끌어 가기 위해서는 청중을 자유자재로 움직이는 방법을 터득해야 한다. 아리스토텔레스는 『수사학』에서 청중을 통제할 수 있는 증거제시 기법을 에토스 *ethos*, 파토스 *pathos*, 로고스 *logos*의 세 범주로 나누어 설명하고 있다.

에토스 *ethos*는 화자와 그가 전달하는 내용에 대한 신뢰를 말한다. 청자는 대체로 화자가 좋은 인격의 소유자처럼 말을 해야 한다고 믿는다. 화자의 인격은 물론 전문가로서의 식견이 있을 때 화자에 대한 신뢰도가 더해질 뿐 아니라 그의 말에 공감을 하게 된다. 따라서 화자는 권위 있는 추론과 명확한 증거를 제시하여 청자를 설득해야 한다.

파토스 *pathos*는 청자를 설득하기 위해 사용하는 감정적인 호소다. 감정적인 호소란 화자가 말하고자 하는 사실이나 제언에 화자의 관심을 강화하여 청자가 감성적으로 수용하게 하는 것을 말한다. 어떤 중요한 일의 결정은 이성적인 사고의 단계를 거치지만 결국은 감정적인 확신을 통해 이루어진다. 그러나 감정적인 호소 역시 발표내용에 대한 적절한 추론과 증거, 화자의 훌륭한 인격 등을 통하여 신빙성이 주어지지 않으면 안 된다.

로고스 *logos*는 논리적이고 이성적인 방법으로 화자의 주장을 실증하는 방법이다. 화자는 자기가 말하고자 하는 명제의 내용을 확실하게 이해하고 있어야 한다.

(4) 효과적인 발표

발표를 잘 하기란 그렇게 쉬운 일이 아니다. 대부분의 대학생들이 청중 앞에 나와서 발표하는 것을 두려워하거나, 직장인들이 회의에 참석하여 간단한 의견을 말하는 것조차 자신감이 없어 망설이는 경우를 볼 수 있다. 특히 토론이나 토의, 세미나 등에서 발표자가 주제에 어긋나 횡설수설함으로써 전체의 분위기를 깨는 것은 물론 자신의 인격에 대한 신뢰도까지 무너뜨리는 경우도 적지 않다.

발표를 잘 하기 위해서는 다음과 같은 점에 유의하여 꾸준히 노력해야 한다.

첫째, 발표의 목적과 주제가 무엇인지 정확히 파악해야 한다. 설득을 위한 발표인가, 아니면 단순히 정보를 전달하기 위한 발표인가를 정확히 판단하고 성격에 맞는 발표를 해야 성공할 수 있다.

둘째, 청중이 어떤 사람들인가를 사전에 면밀히 분석해야 한다. 참석인원이 몇 명 정도며, 성별 · 연령대별 분포는 대략 어떻게 되는지? 직업이나 교육수준, 사회적 지위 등에 대해서 충분히 알고 발표에 임했을 때 흡족한 결과를 얻을 수 있다.

셋째, 발표를 통해 얻게 되는 결과가 무엇인지 생각하여 자료를 수집하고 정리하는 일은 성공적인 발표를 위해서 매우 중요한 작업이다. 자료 수집은 최신의 것으로 신뢰도가 높아야 하되 조사기관, 대상, 일시, 장소, 방법 등 출처가 분명해야 한다. 아울러 통계자료는 통계청을 비롯하여 공신력이 있는 기관의 자료를 활용하는 게 좋다. 설문조사나 인터뷰를 필요로 할 경우에 조사대상의 대표성이라든가 질문의 적절성을 고려하는 일도 잊으면 안 된다.

넷째, 자료정리는 발표자의 시각이 명쾌하게 드러나야 한다. 주제가 선명하지 않은 자료를 적당히 모양만 갖추어 배열하면 오히려 효과가 감소된다. 일목요연하고 간단명료한 자료정리야 말로 발표를 성공으로 이끄는 관건이다.

다섯째, 컴퓨터 프로그램을 활용하여 발표하고자 하는 내용을 가장 효과적으로 전달할 때 발표는 소기의 목적을 거둘 수 있다.

그 밖에 여러 사람 앞에서 당당하게 발표하되 교만하지 않도록 하는 일, 핵심을 간단하면서 명쾌하게 전달하는 일, 목소리를 상황에 따라서 적당한 크기와 속도로 조절하는 등 세심한 주의를 기울였을 때 비로소 발표의 목적인 동의를 얻어 낼 수 있는 것이다.

(5) 프레젠테이션 과제

최근 대학의 과제 부여 방법이 리포트를 제출하는 대신 여러 사람들 앞에서 프레젠테이션 *presentation*하는 과제로 바뀌어 가고 있다. 이와 같은 추세는 단순한 리포트 제출의 과제보다 실제적으로 많은 준비가 필요하므로 학생들이 어느 정도 공부를 해 왔는지 쉽게 판단할 수 있다는 점에서 매우 바람직하다고 할 수 있다.

PT발표를 잘 하기 위해서는 먼저 다음과 같은 준비가 필요하다.

① 충분한 자료조사가 있어야 한다.

PT발표에서 가장 중요한 것 중의 하나가 충분한 자료를 조사하는 것이다. 제출만으로 끝나는 리포트와 달리 PT발표는 처음부터 끝까지 발표하는 내용을 스스로 완벽하게 알아야 다른 사람들 앞에서 전달할 수가 있다. 발표할 내용에 대해서 완전히 소화하지 못하면 자신감이 없어지고 얼버무리게 되어 내용이 빈약해지기 쉽다.

발표가 끝난 후 질의응답에서도 제대로 답변하지 못하면 신뢰도가 떨어지고 공감을 얻지 못한다.

② 자료구성은 간단명료해야 한다.

PT발표를 할 때는 발표할 자료를 참석자들에게 나누어 주거나 파워포인트 등 영상자료를 만들어 발표하게 되는데, 내용을 파악하기 쉽도록 간단명료하게 구성해야 한다. 핵심내용을 중심으로 정리하되 부연설명이나 중복된 내용은 과감히 빼는 것이 좋다.

자료를 너무 지나치게 자세히 구성해 놓으면 단순히 자료를 읽어 나가는 발표가 되기 쉽기 때문에 될 수 있는 한 자료를 간단히 구성하고 발표하는 동안에 부연설명해 주는 것이 좋다.

한 페이지에 한 가지 내용을 중심으로 디자인하는 One Point, One Page!를 기본으로 파워포인트 자료를 만드는 것이 효율적이다.

③ 당당한 태도와 자신 있는 목소리로 말해야 한다.

남들 앞에 섰을 때 떨거나 주저하는 모습을 보이는 것은 보는 사람 역시 불편하게 만든다. PT발표를 할 때 가장 중요한 것 중의 하나는 시종 당당하고 자신

있는 모습을 보여주는 것이다. 바른 자세와 당당한 태도, 자신감 있는 목소리로 또박또박 발표를 해야 한다. 내용이 아무리 알차더라도 발표할 때의 태도가 어색하다면 내용 전달이 제대로 되기 어렵다. 발표하는 내용에 스스로 최고의 권위자라고 생각하고 당당하게 발표에 임하는 태도가 필요하다.

발표자는 반드시 말하기 방법으로 전달해야 한다. 연습이 충분하지 못하면 '말하기'가 아니라 '읽기'로 하게 되는 경우가 많다. '읽기' 형태는 평면적인 전달이므로 청중을 설득하거나 이해시키는데 한계가 있다. 반드시 언어의 고저장단과 감성이 내재되어 있는 입체적인 '말하기'로 전달하여야만 상대방의 공감을 얻을 수 있다.

프레젠테이션의 고수인 스티브 잡스도 수십 번의 연습을 거친 후에 발표를 한다고 한다. 애드리브 조차도 사전에 기획된 각본이라고 하였다면, 얼마나 많은 연구와 연습으로 준비하는지 추측할 수 있다.

④ 상황에 따라 적절한 언어와 몸짓을 써야 한다.

발표를 할 때 흔히 몸짓을 사용하게 되는데, 특히 발표자가 여러 사람 앞에서 경직된 자세로 내용을 읽어 내려가는 일이 없도록 주의해야 한다. 이러한 태도는 대부분 분위기를 지루하고 따분하게 만들어 역효과를 가져온다.

손의 움직임은 허리 위에서 움직이는 것이 좋으며 중요한 부분은 포인트 또는 지휘봉으로 짚어 준다. 발표자 시선의 각도는 발표자를 중심으로 90도 내외에서 자연스럽게 왼쪽, 가운데, 오른쪽에 앉아 있는 청중의 시선과 마주하면서 발표하는 것이 좋다. 시선의 범위는 상하 좌우 15도 내에서 처리하는 것이 자연스럽게 보인다.

또한 제자리에 반듯하게 서서 발표를 하면서 주위를 환기시키기 위해서는 중요 부분에서 동선을 한 번 바꾸어 주는 것이 집중력을 끌어올리는데 효과가 있다. 그러므로 발표자는 미리 거울 앞에 서서 언제 어떻게 몸짓을 쓰는 게 효과적인가 연습을 해야 한다.

⑤ 결말을 명쾌하게 내려야 한다.

결말이 나올 때쯤이면 참석자들의 집중도가 많이 떨어져 있기 때문에 이미 발표되었던 내용을 간단히 정리해서 전달해야 한다. 이 때 핵심 주제가 무엇이었는지, 어떻게 여기까지 진행이 되었는지에 대한 과정을 간단히 요약하고 결론을 도출해 내는 게 좋다. 발표내용을 다시 정리하여 들으면서 참석자들은 전체를 분명하면서도 체계적으로 이해하게 된다.

앞에서도 언급한 것처럼 PT발표는 대학의 학생 평가 방법으로 많이 이용되고 있으며 직장 취업을 위한 면접에서도 구직자들의 태도와 지식 등을 보기 위해 PT면접이 급속도로 증가하고 있어 미리 대비하는 게 좋다.

(6) 발표의 절차

그러나 막상 발표에 임하게 되면 의외로 당황하여 많은 발표자가 스스로 무슨 말을 먼저 해야 하며, 발표의 핵심이 무엇이며, 어떤 순서에 따라 논지를 펼쳐야 할지 망설이는 경우가 많다. 특히 여러 사람 앞에서 발표를 할 때 자기의 주장과 설득과 반박이 원만하게 잘 이루어져야 효과적인 의사소통을 기대할 수 있다.

첫째, 주장은 '자기의 의견이나 주의를 굳게 내세운다'는 사전적 의미를 가지고 있다. 특정 사안에 대하여 자신의 소신이나 의견을 밝히는 일이기 때문에 무엇보다도 자신의 주장을 자신감 있고 당당하게 관철시키는 게 필요하다.

주장은 상대방의 동의를 목표로 하므로 그 목표를 달성하기에 적합한 주장을 펼치는 것이 무엇보다 중요하다. 따라서 어떤 주장을 할 때는 먼저 그것이 보편타당성과 합리성을 갖추고 있는지를 심사숙고해야 한다. 아무리 그럴싸한 수사력과 표현력을 지니고 있다 하더라도 이와 같은 것이 결여되면 주장은 실패하기 때문이다.

보편타당성과 합리성을 갖추기 위해서는 인문학적인 교양을 쌓는 일에 게을리하지 말아야 한다. 대체로 일상생활 가운데서도 목소리 크고 말솜씨 좋은 사람이 우선은 상당히 유리할 것 같지만 논쟁이 계속되면 결국 지성을 지니고 보편타당성 있고 합리성 있게 논지를 펼치는 사람이 승리하는 경우를 쉽게 볼 수 있다.

둘째, 설득은 상대편이 이 쪽 편의 이야기를 따르도록 여러 가지로 깨우쳐 말하는 의사소통 방법이다. 이를 위해서는 반드시 그 의견이 알맞다고 여길만한 근거가 제시되어야 한다. 성직자의 설교, 변호사의 변론, 기업체의 상품광고, 사회단체의 선전, 정치가의 의견과 결심을 담은 글이 설득의 대표적인 유형에 속한다.

주장이 아무리 보편타당성 있고 합리성을 갖추고 있어도 그것을 어떻게 표현하느냐에 따라서 반응은 달라진다. 같은 말이라도 어떻게 표현하느냐에 따라서 상대방의 수용도는 현저히 달라질 수 있다.

자칫하면 발표자의 주장에 동의하기는커녕 오히려 오해와 편견을 가질 수 있으며, 심지어 적대감을 가져올 수도 있다. 설득이 신뢰와 호감을 얻어내는 데 목적이 있다고 생각할 때 발표자는 어떤 방법으로든지 상대방의 신뢰와 호감을 얻어 내기 위해서 최선을 다 해야 한다.

그러기 위해서는 제일 먼저 표현력을 길러야 한다. 상황에 맞추어 적절한 표현과 효과적인 수사를 구사할 때 호감이 배가되므로 평소에 문학 독서를 통하여 비유나 상징 수사 등에 관한 감각을 길러 두는 것이 필요하다.

아울러 확실한 논거를 제시해야 신뢰도가 높아진다. 발표자가 어떤 주장을 내세웠을 때 그 주장이 보편타당성이 있고 합리성이 있음을 증명하지 못하면 그 주장은 단순히 독설에 불과하기 때문에 확실한 논거의 제시야 말로 설득과정에서 가장 중요한 부분이다.

셋째, 반박은 어떤 의견이나 주장, 논설 등에 반대하여 잘못된 것을 규명하면서 자신의 주장이 정당함을 입증하는 일이다.

주장이 있으면 반드시 그에 대한 비판이 나오게 되어 있다. 일단 어떤 주장이 제기되고 그에 대한 비판이 있은 후에는 반박과 재반박이 끊임없이 이어진다. 효과적인 반박은 상대방의 논리에 담긴 모순이나 허점을 정확하게 지적할 때 가능하다. 그러려면 먼저 상대방의 얘기를 잘 들어야 한다. 자기의 주장을 펼치는데 급급한 나머지 남의 말을 제대로 듣지 못하면 그 내면에 숨어있는 논리적 모순이나 허점을 찾아 낼 수 없기 때문이다.

상대방의 주장에 대한 허점과 모순을 찾아 냈다면 그 때부터 본격적인 반박에 들어가게 되는데, 반박의 핵심이 상대방의 논리가 왜 잘못된 것인지를 밝히는 것이기 때문에 이 과정에서도 확실한 논거를 제시하는 일이 중요하다. 그런 다음에 그것을 바탕으로 자신의 주장이 옳고 정당함을 재입증해야 한다. 이 때는 비판의 대상이 되었던 사항들을 중심으로 새로운 논거를 제시하는 것이 효과적이다. 다만 상대방의 비판에서 타당성이 있는 부분은 적극적으로 수용하여 자신의 견해를 보완하는 태도가 필요하다. 상대방의 비판을 전적으로 부정하고 자신의 주장만을 고집하는 것은 설득력을 저하시킨다는 점을 명심해야 한다.

2) 발표의 실제

발표를 잘하기 위해 기초 지식이 어느 정도 갖추어지면 본격적인 발표에 앞서 곧바로 발표의 목적과 방향을 정해야 한다. 예를 들어 발표 목적이 설득에 있나? 아니면 정보전달에 있나? 를 분명히 해야 하고, 아울러 발표 목적에 따라 동일한 소재라도 다른 방법으로 접근하는 것이 중요하다. 그러나 발표는 청중과의 소통이 중요하기 때문에 청중을 고려하여 발표 방향을 정하는 것이 좋다. 주제 선택은 청중이 이미 알고 있는 식상한 것보다 신선한 것으로 하되 범위를 좁히고 구체적이어야 어필할 수 있다.

다음으로 주제에 맞는 자료를 인터넷이나 책자, 설문이나 인터뷰, 탐방 등을 통하여 다양하고 풍성하게 수집하여야 한다. 수집된 자료는 아무리 흥미로운 자료라 하더라도 직접 주제와 관련이 없으면 과감히 버릴 줄 알아야 한다. 어렵게 얻은 자료라서 버리기 아까워 이것저것을 끼워 넣다보면 논점이 흐려져 오히려 발표의 효과가 떨어진다.

또한 성공적인 발표를 위해서는 구체적인 발표계획이 있어야 한다. 먼저 간단한 발표계획서를 만들고 파워포인트를 이용해 자료를 작성하되, 조사한 내용을 사진자료와 함께 나열하고 최종적으로 체계적인 정리를 거쳐 완벽하게 발표 준비를 한다. 예를 들어 발표계획서는 대체로 제목, 주제, 주제와 관련된 구체적이며 세부적인 소재, 조사내용 및 방법 등의 순서로 꼼꼼하게 작성하면 된다.

이와 같은 과정이 끝나면 곧이어 상황에 맞는 발표 자료를 제작하고, 발표할 대본을 작성하고, 실제로 발표연습을 하는 등 철저하게 실전에 대비하여야 한다.

(1) 발표자료 제작

발표에 사용할 자료는 상황에 따라 여러 가지 형태로 제작할 수 있는데, 대표적으로 PPT 같은 프레젠테이션 프로그램, OHP, 슬라이드, 화이트보드, 빔 프로젝트, 발표유인물 등 다양한 형식이 있는데, 디지털시대에 접어들면서 특히 PPT가 대학이나 기업체를 중심으로 크게 활성화되고 있다.

① PPT자료는 일반적으로 '목차 ⇒ 도입 ⇒ 전개 ⇒ 정리'의 순으로 구성한다. 각 단락의 내용은 논리적이면서 체계적으로 정리하되 가급적 각 단락의 분량을 균등하게 하는 것이 좋다.

② 짧고 간결한 어구의 키워드 중심으로 전달, 목차식 개요 형태가 효과적이다.

③ 글자 크기, 번호 매기기, 들여쓰기 등 전체적인 구성이 일목요연해야 한다.

④ 한 화면에 핵심내용이 빠지지 않도록 하되 너무 많은 양이 들어가지 않도록 한다.

⑤ 눈을 피로하게 하는 원색을 피하고 세 가지 정도의 색깔을 이용하여 주요부분을 강조한다.

⑥ 전체 형식은 같은 모양과 배색으로 통일감 있게, 단순하면서 세련되게 만든다. 배경색과 글자의 색은 비슷한 계열을 피하는 것이 좋다.

⑦ 글자 크기는 뒷자리에서도 보이도록 해야 하며, 글씨체는 쉽게 알아볼 수 있는 단순체로 하는 것이 효과적이다.

⑧ 표, 그래프, 이미지, 동영상 등을 활용하여 효과적으로 내용을 전달하되, 특히 동영상 자료는 꼭 필요할 때 2~3분을 넘지 않도록 유의해야 한다.

⑨ 청중에게 배부하는 발표유인물은 핵심 내용이 담겨 있어야 하며, 일목요연하게 작성하되, PPT자료와 똑같게 하거나 발표자가 준비한 발표대본을 그대로 복사해 주면 안 된다. 청중이 발표에 집중하면서 메모를 할 수 있도록 작성하는 것이 효과적이다. 그리고 PPT나 발표유인물 마지막 부분에는 반드시 정확한 출처를 밝혀 신뢰성을 높일 뿐 아니라 발표 이후에도 청중이 참고할 수 있도록 해야 한다.

(2) 발표대본 작성

PT와 발표유인물 자료 제작이 끝나면 발표 자료를 정리하면서 실제 발표 현장에서 발표할 때 필요한 발표 대본을 작성해야 한다. 대본은 발표할 때 읽어 내려가기 위한 목적으로 만드는 것이 아니라 어디까지나 만약의 경우 내용을 잊어버리거나 실수를 대비해서 작성한다는 것을 명심해야 한다. 처음부터 대본에 의존한다는 생각을 갖게 되면 발표가 매끄럽지 못하고 신뢰도가 떨어지게 된다.

발표 대본은 일반적으로 다음 요령에 의해서 작성하는 것이 좋다.

① 대본은 구어체 문장으로 작성한다.
② 긴 문장이 아닌 키워드 중심으로 압축한다.
③ 발표 현장에서 발표 대본을 보지 않고 발표할 수 있도록 외워야 한다.
④ 발표자 자신이 참고하기 위해 작성하는 것이기 때문에 알아보기 쉽게 작성해야 한다.
⑤ 용지는 대본을 넘길 때 소리가 나지 않는 것이 좋으며, 넘기기 쉬운 것으로 선택해야 한다.

(3) 발표 연습

준비한 내용을 효과적으로 전달하면서 청중과 원활한 소통을 하기 위해서는 발표 전에 충분한 연습이 필요하다. 여유를 두고 미리 내용을 암기하고 소화하는 일은 물론, 여러 사람 앞에서 어색한 태도로 발표하는 일이 없도록 미리 여러 차례의 발표 연습을 통해 미비한 부분을 점검하고 보완하도록 노력해야 한다.

① 연습할 때는 먼저 마음가짐을 실제 상황처럼 생각하는 것이 중요하다. 혼자 거울 앞에서 자신의 자세나 표정을 보며 연습하는 것도 좋은 방법이며, 친구들 앞에서 연습해 보는 것도 부족한 점을 보완하는데 많은 도움이 된다.

② 여러 차례의 연습을 통해 시간 배분이 잘 되었나? 발표 내용에서 가감 삭제할 부분은 없나? PPT자료는 뒷자리까지 충분히 보이나? 국어정서법에 맞으며 표현이 쉽고 적절한가? 등을 세밀하게 점검하고 보완해야 한다.

③ 발표 현장에 대한 사전 점검을 해야 한다. 발표할 장소에 인터넷이나 관련 프로그램이 설치되어 있나? 컴퓨터, 빔 프로젝트, 음향시설 등은 제대로 작동이 되나? PT 자료의 동영상이나 이미지, 애니메이션 효과 등은 이상이 없나? 마이크 시설은 발표자가 편리하게 조작하여 사용할 수 있도록 되어 있나? 등을 꼼꼼히 점검해야 한다. 현장점검이 제대로 안 되면 아무리 발표 준비가 잘 되었더라도 당일의 발표가 엉망이 될 수밖에 없다.

④ 발표 전날에는 충분한 휴식을 취하며 긴장을 풀고 발표 현장을 상상해 보는 것도 많은 도움이 된다. 예상되는 질문이나 답변, 청중의 반응 등을 상상하면서 발표 내용을 정리하고 자신 있는 태도를 갖는 것이 무엇보다 중요하다.

(4) 발표

그 동안 충분한 시간을 두고 준비와 연습을 했다 하더라도 막상 발표에 임하면 자신감이 없어져 전달력이나 흥미도가 떨어지게 되고, 마침내 청중과의 의사소통이 안 되어 낭패를 보는 경우가 종종 있다. 발표자는 차분한 마음으로 원만한 발표를 위해서 다음 사항들을 잘 지키도록 노력해야 한다.

① PPT자료는 반드시 USB나 CD 등 여러 곳에 저장해 와야 한다. 인터넷에만 의존할 경우 인터넷이 연결되지 않거나 다운로드가 잘 안 되어 당황하는 경우가 있다. 만약의 경우를 대비하여 여러 곳에 자료를 저장해 오는 것이 안전하다.

② 발표 전에 사용할 프로그램이 제대로 작동하는지 미리 점검을 해야 한다. 인터넷은 물론이고 동영상, 음향시설, 스크린 등이 잘 작동하는지 발표 시작 전에 다시 한 번 기자재를 점검해야 한다. 특히 독특한 글씨체를 사용했을 경우 반드시 폰트를 저장해 와서 글씨체가 깨지는 일이 없도록 주의해야 한다.

③ 발표유인물은 PPT 화면을 열어 놓고 배부하는 게 좋다. 발표 시작 후에 PPT 화면을 열거나 발표유인물을 나누어 주는 경우도 있으나 중간에 청중을 집중시키지 못하면 분위기가 산만해지기 쉽다.

④ 발표의 목적과 내용을 뚜렷하게 드러내야 한다. 발표의 핵은 바로 여기에 있기 때문에 구체적인 비교와 평가, 체계적인 정리, 일목요연한 자료제작, 적당한 도표나 그래프, 사진과 영상자료 이용, 명쾌한 결론 추출 등에 혼신의 노력을 기울여야 한다. 특히 PPT자료와 발표의 연결이나 진행이 매끄럽지 않아서 전체적인 흐름이 끊어지는 일이 없도록 주의해야 한다.

⑤ 발표시간을 반드시 지키도록 한다. 효율적인 시간 배분을 통하여 준비한 내용을 충분히 전달해야 한다. 발표 연습을 통해 발표 시간을 정확히 맞추고 발표를 진행하는 동안에도 수시로 시간을 점검하면서 상황에 맞게 시간을 재배분하는 것이 필요하다. 예정된 시간보다 짧거나 길어지는 일이 없도록 하되 서론은 짧고 강렬하게, 본론은 진지하면서도 신뢰성 있게, 마무리는 여유를 가지고 명쾌하게 정리하는 등 시간을 지혜롭게 잘 조절해야 한다.

⑥ 발표자가 청중과 효과적으로 의사소통을 하기 위해서는 시선처리도 매우 중요하다. 지나치게 PPT화면에 시선을 고정하거나 청중을 제대로 바라보지 못하고 말을 한다면 분위기는 금방 산만해진다. 시선으로 청중을 사로잡

는 것도 말하기 못지않게 대단히 중요하다. 그리고 발표자가 부드러운 표정과 알맞은 목소리, 예의 바른 태도를 가졌을 때 훨씬 더 설득력이 있다는 점도 유념해야 한다. 아울러 공식적인 발표라는 점을 감안하여 표준어를 사용하여 분명하게 말을 하되 지나친 전문용어나 외국어 사용은 오히려 반감을 가져올 수 있어 주의해야 한다.

⑦ 발표 중에 돌발할 수 있는 여러 가지 상황에 지혜롭게 대처해야 한다. 수시로 청중의 반응을 살피며 지루해 하거나 난해한 듯한 표정을 보이면 곧바로 분위기를 전환하여 발표를 흥미롭고 지속적으로 이끌어 가야 한다. 갑자기 기자재의 문제가 발생했거나 정전이 되었을 경우에 당황하거나 중단하지 말고 차분하게 대처하면서 위기를 모면해야 한다.

⑧ 질의응답은 정해진 시간 안에서 마무리하는 것이 좋다. 발표내용에 대한 핵심만 간단하게 주고받아야 하며, 발표자나 질문자는 피차 공격한다는 의미가 아니라 발표내용에 대하여 궁금한 점이나 이견을 논의하는 것에 목적이 있기 때문에 서로 정중하게 예의를 갖추어야 한다.

(5) 발표의 평가

발표가 끝나면 소정의 양식에 맞추어 간단한 평가과정을 거치는 것이 다음 발표를 위해 꼭 필요하다. 이 때 평가자는 발표자나 학술적인 이론에 편견을 가져서는 안 되며 어디까지나 공평하고 객관적인 자세로 평가에 임해야 한다.

평가표에 의해 각자의 평가가 끝나면 토의를 통해 자유롭게 잘된 점과 시정해야 할 점을 함께 정리해 보아야 한다. 그래야 발표자나 청중 모두가 발전적인 발표를 위해 고민하는 계기가 되기 때문이다. 평가표는 공정성을 위해 무기명으로 하는 것이 좋다.

발표평가표

발표자	학과 : 학번 : 이름 :
발표제목	제목 :
일시 및 장소	일시 : 장소 :

항 목		평 가 내 용	비 고
잘된 점	발표 내용	1. 2. 3. 4.	
	태도 및 기타	1. 2. 3.	
시정할 사항	발표 내용	1. 2. 3. 4.	
	태도 및 기타	1. 2. 3.	
의문 점 또는 질문사항	발표 내용	1. 2. 3. 4.	
	태도 및 기타	1. 2. 3.	
최종평가 등급		A B C D E	해당등급에 ○표

V. 기술의 방법

1. 설명하기
2. 논증하기

언어의 표현은 대체로 희로애락을 표현하는 감성언어(정서적 표현)와 논리적이고 분석적이며 체계적으로 표현하는 이성언어(논리적 표현)로 구분할 수 있다.

유아의 경우, 생활환경이 극히 제한되어 있어서 경험에 의한 감성언어 중심의 언어표현이 대부분이다. 특히 유아는 자기중심적 사고가 강하므로, 직접 경험에 대한 반성적 성찰과 간접 경험을 다룬 현상과 관계적으로 사고하는 능력이 부족하다.

그렇기 때문에 자신의 경험적 세계를 일반화시켜 그 무엇에 대해 설명할 수 있거나 주장할 수 있으며, 타인의 경험을 받아들여 종합적 판단을 할 수 있도록 사고의 폭을 넓혀 가야 한다. 자신의 주변에서 일어나는 일들에 대해 문제의식과 호기심을 가지고 세상을 이해하도록 지도해야 한다.

말이나 글은 목적에 따라서 성격과 기술 방식이 달라진다. 일반적으로 말과 글의 목적은 다음과 같이 구분할 수 있다.

목적		기술방식
알려주기	→	사실을 알기 쉽게 풀이한다.(설명)
주장하기	→	주장의 타당성을 증명하고 설득한다.(논증)
그려내기	→	느낌과 인상을 잘 표현한다.(묘사)
이야기하기	→	사건이나 이야기를 늘어놓는다.(서사)

1. 설명하기

설명 *exposition*은 어떤 일이나 대상의 내용을 상대편이 잘 알 수 있도록 밝히는 기술 방법이다. 이는 유아들이 주변 사물에 대한 인식을 하게 될 때 “이게 뭐야?”라는 질문을 통해 양육자에게서 듣게 되는 형태다. 이때 양육자 또는 교사가 적절한 설명을 통해 대답을 한다면 유아들은 사물이나 현상에 대한 정확한 표현방법을 익히게 되고 효율적인 언어표현 및 의사소통을 할 수 있다.

다음과 같은 사례를 보면 교사나 양육자들의 대답이 얼마나 중요한지를 알 수 있다. 교사의 말 한 마디가 유아들의 언어표현 및 지식습득에 많은 영향을 미치게 되는 것이다. 유아의 질문에 정확한 설명을 하기 위해서는 교사의 폭넓은 지식이 필요하다.

사례 (1)

상황 1 : 교사가 수업 준비를 하느라 바쁘다. 유아가 나팔꽃 그림을 가리키며 질문을 한다.

유 아 : “이게 뭐예요?”

교 사 : “응, 꽃”

상황 2 : 이번엔 해바라기 그림을 가리키며 질문을 한다.

유 아 : “이게 뭐예요?”

교 사 : “그것도 꽃이야. 선생님이 지금 힘들거든, 혼자서 보면 착하지~~”

사례 (2)

상황 1 : 교사가 수업 준비를 하느라 바쁘다. 유아가 나팔꽃 그림을 가리키며 질문을 한다.

유 아 : “이게 뭐예요?”

교 사 : “응, 여름에 피는 꽃이야. 나팔처럼 생겨서 나팔꽃이라고 해. 자주색, 흰색, 붉은색도 있어.”

상황 2 : 이번엔 해바라기 그림을 가리키며 질문을 한다.

유 아 : "이게 뭐예요?"

교 사 : "응, 동그랗게 생긴 해바라기라는 꽃이야. 해바라기 씨앗은 먹기도 하는데 건강에 좋단다. 노란 색깔이 환하고 밝지?"

1) 정의 定義하기

'정의하기'의 사전적 의미를 살펴보면 어떤 말이나 사물의 뜻을 명백히 밝혀 규정하거나 그 뜻을 말한다. 즉, 주관적이 아닌 객관적으로 통용되는 개념을 의미한다. 정의하기는 유아들의 언어교육에 가장 기본이 되는 부분이다. 사물에 대한 정확한 개념이 파악되어야만 이해와 분석이 가능하기 때문이다.

☞ **예시자료**

① 병아리 : * 예쁘지? 노란색이네. 닭 새끼야. (×)
 * 알에서 막 깨어났거나 다 자라지 않은 어린 닭이지. (○)

② 의자 : * 앉는 곳이야. (×)
 * 궁둥이를 대고 걸터앉을 수 있게 만든 기구란다. (○)

③ 강 : * 물이 많이 모여 있는 곳이야. (×)
 * 넓고 길게 흐르는 큰 물줄기야. (○)

위 예시자료는 교사가 막연히 알고 있는 지식을 아무 생각 없이 설명하는 경우와 사전적 의미로 설명하는 경우다. 유아를 가르치는 교사는 늘 사전을 옆에 두는 습관이 필요하다. 교사가 주관적으로 인식하고 있는 지식을 마음대로 표현하게 되면 유아들은 잘못된 설명에 의해 사물을 인식한다.

2) 분석 分析하기

분석하기는 사전적으로 ① 얽혀 있거나 복잡한 것을 풀어서 개별적인 요소나 성질로 나누거나, ② 〈논리〉 개념이나 문장을 보다 단순한 개념이나 문장으로 나누어 그 의미를 명료하게 하거나, ③ 〈철학〉 복잡한 현상이나 대상 또는 개념을, 그것을 구성하는 단순한 요소로 분해하는 일을 의미한다.

즉, 분석이란 한 사물이나 현상을 구성 성분으로 나누어 설명하는 서술방식이다.

말하거나 글을 쓸 때 분석의 방법을 이용하면 전달하고자 하는 내용을 짜임새 있게 정리하여 표현할 수 있으며, 우리가 볼 수 있는 사물이나 현상에 대하여 막연하게 보지 않고 자세히 관찰할 수 있다. 더불어 눈에 보이는 것뿐만 아니라 겉으로 드러나지 않는 모습을 파악할 수도 있으며, 세상에서 일어나는 일들을 서로 연관지어서 생각할 수 있다.

분석하기 방법도 유아들에게 많이 응용하는 설명방식인데, 분석하기의 설명방식은 물리적 분석, 개념적 분석, 인과적 분석, 연대기적 분석으로 구분한다.

☞ 예시자료

① 물리적 분석

* 이 로봇은 무엇으로 이루어졌을까요?

→ 로봇의 구성 성분

* 이 빵은 무엇으로 만들어졌나요?

→ 빵을 만든 재료

* 물은 무엇으로 이루어졌을까요?

→ 물의 구성 성분

* 이 동화 속에 나오는 사람은 누구인가요?

→ 등장인물 분석
* 식물의 구조를 분석해 볼까요?
→ 뿌리, 줄기, 꽃, 잎
* 소고기를 부위별로 분석해 볼까요?
→ 안심, 갈비, 등심, 목살 등 부위

② 개념적 분석
* 한글은 자음과 모음으로 이루어져 있다.
* 행복은 크게 두 가지로 나눌 때 물질적인 것과 정신적인 것이 있다.
* 엄마, 아빠는 나를 낳아 주시고 키워 주시고 사랑해 주시는 분이다.
* 물의 형태는 액체(물), 고체(얼음), 기체(수증기)로 되어 있다.
* 찬물도 위아래가 있다.(속담)
→ 하찮은 찬물도 마실 때에 위아래 순서가 있다는 의미

③ 인과적 분석
* 네가 무엇을 잘못했는지 원인을 분석해 봐.
→ 잘못함의 이유
* 〈흥부전〉 내용을 시간의 흐름에 따라 분석해 보자.
→ 이야기의 줄거리
* 〈너 때문이야〉 동화의 내용을 원인과 결과에 따라 분석해 보자.
→ 사건의 흐름

④ 연대기적 분석
* 사람의 일생을 연령별로 분석해 보면 유아기, 아동기, 청소년기, 장년기, 노년기로 이루어져 있다.
* 오늘 하루 동안 일어난 일들을 순서대로 분석해 보자.

3) 지정 指定하기

지정은 'A는 B이다.'라는 형식을 취하여 그 대상을 분명히 가리키는 것을 말한다. 구체적인 대상을 명시하여 설명하는 경우다. 따라서 지정하기는 꼭 찍어서 설명하는 영역이므로 제한적인 상황을 제시하거나 사물을 지정하는 경우다. 특히 자기중심적 사고를 가진 유아들이 자아가 형성될 때 자기 이름을 내세워 어떤 상황을 이야기하거나 물건을 설명할 때 주로 사용한다.

☞ 예시자료

* 이거는 현영이 꺼야!
* 내 이름표가 붙여진 물건은 모두 내꺼야!
* 땡땡땡 요구르트 주세요!
* 기린반 담임선생님 이름은 ***입니다.
* 저 사람은 누구니?
* 저것은 무엇이지?
* 우리 반에서 제일 키가 큰 어린이는 누구니?
* 우리 반에서 머리카락이 제일 긴 친구는 누구일까?
* 저기서 김치를 담그고 있는 분은 우리 할머니야.
* 주소 : 나는 서울시 서대문구 연희동 336-21번지 시온빌딩 3층에 살아요.
* 대한민국 국보 1호는 서울특별시 중구 세종대로 40에 위치한 숭례문이다.

4) 비교 比較와 대조 對照

비교는 둘 이상의 사물을 견주어 공통점 중심으로 설명하는 말이나 글이다. 반면 대조는 둘 이상의 대상을 서로 맞대어 차이점 중심으로 설명한다. 즉, 비교와 대조의 차이는 공통점과 차이점을 찾는 부분이 다르다. 비교를 하는 이유는 두 사물의 공통점을 찾아 내는 것이고, 대조는 두 사물의 차이점을 찾아 내는 것이다.

단, 여기서 주의해야 할 점은 비교와 대조를 할 때 전혀 상관이 없는 사물을 서로 비교하거나 차이점을 찾아 내서는 안 된다.(예 : 독수리와 개미, 돌멩이와 꽃잎 등) 비교와 대조의 방법으로 설명을 하고자 할 때 A와 B는 서로 비슷한 기능이나 성질을 가진 대상이어야 한다.

비교와 대조로 설명을 하면 어떤 사물이나 현상에 대해 올바른 판단과 자세하고 명확하게 전달할 수 있다.

☞ 예시자료

* 오토바이와 자전거의 비교와 대조
- 공통점 : 땅 위를 달린다. 두 개의 바퀴로 굴러간다.
- 차이점 : 오토바이 - 연료가 있어야 움직인다. 면허증을 취득해야 한다.
  자전거 - 연료가 없어도 움직일 수 있다. 면허증이 없어도 된다.

* 텔레비전과 라디오의 비교와 대조
- 공통점 : 각종 정보를 제공한다, 전파로 전달된다.
- 차이점 : 텔레비전 - 시각기능 중심이다.
  프로그램이 다양하다.
  라디오 - 청각기능 중심이다.
  프로그램이 제한적이다.

* 과일과 채소의 비교와 대조
- 공통점 : 식용이다. 몸에 좋다.
- 차이점 : 과일 - 다년생 식물의 열매, 식물의 꽃으로 자람
  채소 - 일년생 식물의 한 부분 또는 전체로 자람

5) 분류 分類하기

분류는 여러 가지가 뒤섞여 있는 가운데 성질이 같은 종류끼리 나누어 설명하는 방법이며, 분류의 기준이 정해져 있다.

예를 들어, 수많은 물건을 판매하는 백화점은 각 층마다 판매물건을 종류별로 분류하여 사고자 하는 물건을 찾기 쉽도록 한다. 또한 지하 1층에 식료품 매장이 있다면, 식료품은 또 다시 어류, 육류, 채소류, 공산물 등으로 분류를 하기 때문에 물건을 구입할 때 편리함을 제공한다.

이처럼 어떤 사물이나 현상을 설명할 때 분류하기를 통해 설명하면 보다 구체적이고 정확하게 전달할 수 있다.

☞ **예시자료**

* 도서 분류 : 문학, 역사, 과학, 음악, 미술 등
* 지구 : 생물, 무생물
* 색깔 : 빨강, 주황, 노랑, 초록, 파란, 남색, 보라
* 동물 : 초식동물, 육식동물
* 생물 : 포유류, 조류, 파충류
* 사람 : 황인종, 백인종, 흑인종
* 오대양 : 태평양, 대서양, 인도양, 남극해, 북극해
* 육대주 : 아시아, 유럽, 아프리카, 남아메리가, 북아메리카, 오세아니아
* 혈구 : 적혈구, 백혈구, 혈소판
* 우리 교실에 있는 것들을 분류해 보자!
  사람과 사물 - 사람 : 선생님과 어린이
  사물 - 책상, 의자, 문구류, 등등
* 합창부 : 남성부, 여성부, 고음부와 저음부(소프라노, 메조소프라노, 바리톤, 테너)

6) 예시 例示 하기

예시는 어떤 개념이나 사실을 보다 구체적으로 이해시키기 위해 예를 들어가면서 일반적인 것으로 설명하는 방식이다. 예시는 적절한 예를 통하여 자신의 주장을 강화시키거나 설명을 구체화하는 진술 방식이며 인용, 경험, 일화, 보도자료 등을 활용하여 설명한다.

☞ 예시자료

* 개미는 냄새로 서로 의사소통을 한다.
- 예를 들어, 먼 장소에 먹이가 있다면 개미는 '페로몬'이라는 화학 물질을 이용하여 냄새나는 길을 만들고 다른 개미가 그 길을 따라 오도록 만든다.

* 어렸을 때 습관은 아주 중요한 거야.
- 예를 들어, 속담에 이런 말이 있어. '세살 버릇 여든까지 간다.' 이 말은 어렸을 때 버릇이 어른이 되어서도 유지된다는 거지.

* 약속은 잘 지켜야 해.
- 내가 친구랑 3시에 만나기로 약속을 했어. 그런데 친구는 5시가 되어도 안 나오는 거야. 마침 그때 비까지 내려서 홀딱 비에 젖어버렸지. 그 바람에 감기에 걸려서 회사도 나갈 수 없었어. 결국 나는 그 친구에 대한 신뢰감이 없어져 버렸어.

* 인턴이 취업이다!
- 0000년 00월 00일 00신문 0면에 난 기사 내용으로 보면 각 기업체에서 인턴 제도를 아예 신입사원 취업으로 연계한다는 거야.

2. 논증하기

언어생활에서 왜 논증하기가 필요할까?

앞에서 언급했지만 사람은 더불어서 살아갈 때 원만한 삶을 유지할 수 있고, 조화로운 사회를 형성할 수 있다. 그렇다면 삶의 본질적인 문제나 사회의 논란이 되는 문제에 대해 나는 어떻게 생각하는지, 다른 사람들은 어떤 생각을 가지고 있는지 생각해 볼 필요가 있다.

논증의 기본 성격은 근거를 통해서 자신의 주장을 설득력 있게 표현하는 것에 있다. 근거가 없고 주장과 의견만 있으면 다른 사람이 내 의견에 공감과 지지를 할 수 없다. 다른 사람 또한 논리적인 이유를 제시해야 내가 공감을 할 수 있는 것이다.

논증의 핵심은 자신의 주장을 제시하고 그 주장에 대한 근거를 댈 수 있어야 한다. 이러한 주장과 근거의 관계가 논리다. 논증은 자신의 생각을 논리적으로 설득력 있게 전개하는 말하기 또는 글쓰기 형태다.

논증하기를 통해 우리는 상황에 따른 문제해결능력 향상과 자신의 의사표현 능력 향상, 조직을 이끌어 갈 지도자의 능력을 향상시킬 수 있다.

유아기의 논증하기는 창의적인 생각 및 표현력을 통해 이유나 근거를 들 수 있는 말하기가 중심이 된다. 이때 이유나 근거가 타당한 논리성을 갖고 있어야 한다. 왜 *Why*? 그렇게 생각하는지 이유를 들어 말하는 언어생활을 습관화시킴으로써 논리적인 사고력과 언어구사력을 신장시키기 때문이다.

예를 들어 다음의 그림책은 논리적인 이유를 제시하면서 삶의 지혜를 보여주고 있다.

옛날 스님들은/ 씨앗을 심을 때 / 한 호미 자국에 세 개씩 심었대요./
새와 벌레와 똑같이 나눠 먹으려고.
옛날 스님들은/ 쓰던 바가지가 깨지면 / 솔뿌리로 꿰맸대요./
낡은 바가지도 살려 쓰려고.
옛날 스님들은/ 붓을 맹물에 찍어/ 묵판에 글씨 연습을 했대요./
종이와 먹물을 아끼려고.
옛날 스님들은/ 좋은 신발을 두고도/ 엉성한 짚신을 신었대요./
벌레가 밟혀도 죽지 말라고.
옛날 스님들은/ 갓 돋은 싹은 밟지 않았대요./
어린 것이 다치기라도 하면/ 너무 가엾다고.
옛날 스님들은/ 돌 하나도 함부로 옮기지 않았대요./
세상의 모든 것은/ 지금 있는 자리가 제자리라고.
옛날 스님들은/ 힘든 일이 있어도 좋게 생각했대요./
그늘이 있으면/ 양지도 있게 마련이라고.
옛날 스님들은 / 길을 갈 때도 염불을 했대요. /
목숨 가진 모든 것들에게 / 축복이 있으라고.
옛날 스님들은/ 생명 있는 모든 것들의 /무게는 같다고 했대요./
목숨 귀하기는 무엇 하나 다르지 않다고.
옛날 스님들은/ 옷에 붙은 풀씨도 떼버리지 않았대요.
새 땅으로 데려다 달라는 / 풀씨의 마음을 헤아려서.
옛날 스님들은/ 살아 있는 물고기를 팔면/ 사다가 강물에 풀어 주었대요./
제 목숨만큼 더 살아가라고.
옛날 스님들은/ 먼 길에 몹시 지쳐도 / 수레는 타지 않았대요./
수레 끄는 소나 말이 힘들다고.
옛날 스님들은/ 자연을 귀하게 받들어 / 산에 가는 것을 입산이라고 했대요./
산의 품에 든다는 뜻으로.
옛날 스님들은/ 빛나는 보석보다 / 한 자루 촛불을 귀히 여겼대요./
촛불은 스스로를 태워 남을 밝힌다고.

– 김종상, ≪옛날 스님들은 어떻게 살았을까≫, 파랑새, 2003. –

1) 논리적인 추론

논리는 말이나 글에서 사고나 추리 따위를 이치에 맞게 이끌어 가는 과정이나, 논술은 어떤 것에 관하여 의견을 논리적으로 서술하는 것을 말한다. 그러므로 논리는 근거를 제시하는 것으로서, 말하고 혹은 행한 무엇인가에 대한 근거를 찾고 그 근거를 평가하는 것이다. 즉, 논리란 합리적으로 행동하는 것을 의미하는데, 이는 합리적인 행동 기준에 관심을 둔다는 말이다(Lipman, Sharp & Oscanyan, 1980).

논리와 논술은 그 정의에서처럼 서로 연결되어 있으며, '논리적인 사고'를 떠나서는 논술을 할 수가 없다.

엄밀히 말하면 논술은 말로 하는 것과 글로 하는 것의 두 가지 형식이 있지만, 일반적으로 논술은 글로 표현하는 경우가 많다. 논술은 어떤 것에 대한 주장이나 의견을 글로 표현한 것으로서, 어떤 사실에 대해 연구하고 비판, 평가, 종합한 것, 혹은 자신의 의견으로 다른 사람을 설득하기 위해 논증의 방법을 통해 논리적으로 진술하거나 기술한 글이다. 즉 논술은 어떤 논제에 대하여 자신의 의견이나 주장을 내세운 다음 여러 가지 근거를 제시하는 논리적 과정을 통하여 그 의견이나 주장이 옳음을 진술하거나 기술하는 것이다(황경식, 1993).

논증은 예시된 명제에 대하여 적절한 근거를 제시해 가며 결론에 이르게 된다. 이러한 일련의 과정에서 추론을 이용한다.

논증의 방법으로 말하거나 글을 쓸 때는 의견, 근거, 추론으로 이루어진다.

첫째, 어떤 판단이나 현상에 대해서 자신의 생각을 '옳다', '그르다'라고 의견을 제시한다.

둘째, 의견을 뒷받침하는 근거(이유)를 제시한다.

셋째, 의견과 근거는 이치에 맞게 연결되어야 한다. 이렇게 자신의 의견이 옳다는 것을 논리적으로 밝히는 것을 추론이라고 한다.

이 책에서는 유아를 대상으로 논리적 사고를 향상시키는 것을 목적으로 하기 때문에 연령을 감안하여 연역적, 귀납적, 유추적 추론에 대해서 언급하고자 한다.

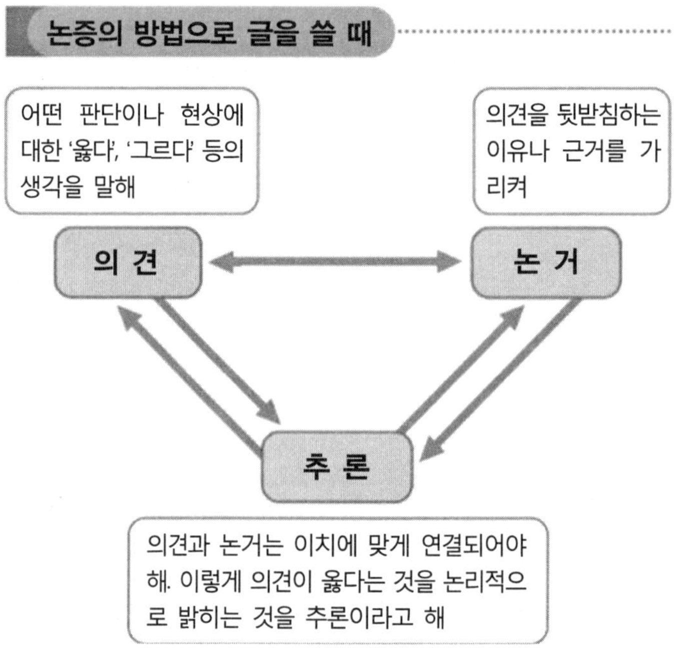

(1) 연역적 추론

연역적 추론은 보편적이고 일반적인 원칙을 전제로 하여 특수한 사실 또는 구체적인 사실을 추론해 내는 방식이다. 즉, 원리에서 사실을 이끌어 내는 추론방법이다. 대전제가 참이라면 거기에서 연역되어 추리된 결론도 참이라는 확실성이 보장된다.

연역적 추론의 대표적이고 전형적인 방법은 삼단논법이다. 삼단논법은 대전제, 소전제, 결론의 형식으로 점점 작게 의미를 도출하며, 포괄적인 명제에서 구체적인 결론을 도출해 내는 기본 형식을 갖는데 다음과 같다.

☞ 예시자료

〔대전제〕 태양계의 모든 행성은 태양 주위를 돈다.
〔소전제〕 지구는 태양계의 행성이다.
〔결 론〕 그러므로 지구는 태양 주위를 돈다.

〔대전제〕 사랑은 이기적이다.
〔소전제〕 남자와 여자의 사랑도 이기적이다.
〔결 론〕 그러므로 나의 사랑도 이기적이다.

〔대전제〕 모든 사람은 죽는다.
〔소전제〕 남자와 여자도 죽는다.
〔결 론〕 그러므로 나도 죽는다.

(2) 귀납적 추론

귀납적 추론은 연역적 추론의 반대개념이다. 삼단논법에 의거하나 명제의 범위가 구체적인 면에서 포괄적으로 확대된다. 즉, 특수한 사례(좁은 범위)에서 일반적인 사례(넓은 범위)를 증명하여 주장하는 방법이다. 다시 말하면 한정된 경험을 바탕으로 보편적이면서도 일반적인 지식이나 진리를 밝혀 보고자 하는 논리적 시도다. 그러므로 사실에서 보편적인 원리를 이끌어 내는 추론방법이다.

예를 들어 선거 때마다 출구 표본조사를 통하여 나온 결과를 바탕으로 선거결과를 예측하는 논리적 추론이 이에 속한다.

☞ 예시자료

〔대전제〕 사과를 공중에 던지면 떨어진다.
〔소전제〕 돌을 공중에 던져도 떨어진다.
〔결 론〕 그러므로 물체를 공중에 던지면 모두 떨어진다.

〔대전제〕 라이터 불은 뜨겁다.
〔소전제〕 가스 불도 뜨겁다
〔결 론〕 따라서 불은 뜨겁다.

〔대전제〕 주현이는 열심히 공부하였더니 성적이 올랐다.
〔소전제〕 1학년 3반 학생들도 열심히 공부해 보았더니 성적이 올랐다.
〔결 론〕 그러므로 누구든지 열심히 공부하면 성적이 오른다.

〔대전제〕 숙향이는 꾸준하게 걷기 운동을 했더니 건강이 좋아졌다.
〔소전제〕 걷기동호회 회원들도 걷기 운동을 통해 건강이 좋아졌다.
〔결 론〕 그러므로 걷기를 꾸준하게 하면 건강해진다.

(3) 유추적 추론

유추란 같은 종류의 것 또는 비슷한 것에 기초하여 다른 사물을 미루어 추측하여 자신의 생각을 주장하는 방법이다. 즉, 두 개의 사물이 여러 면에서 비슷하다는 것을 근거로 다른 속성도 유사할 것이라고 추론하는 방법이다. 서로 비슷한 점을 비교하여 하나의 사물에서 다른 사물로 추론한다. 이때 열거하는 유사성은 일반적이고 보편적인 사실을 근거로 한다.

☞ 예시자료

지구와 화성의 유사성을 열거함
* 지구와 화성은 몇 가지 유사성이 있다. * 둘은 공 모양의 행성으로 지표 상태가 비슷하다. * 모두 태양으로부터 에너지를 받고 있다. * 자전 주기는 1.1일 정도로 하루의 길이는 지구에서와 비슷하게 나타난다. * 이산화탄소가 주성분으로 알려져 있지만 태양의 빛(자외선 등)을 산란시킬 정도의 대기가 존재하고 있다. * 최근 화성에 있는 분화구에서 얼음이 발견되었는데 분광계로 조사한 결과 순도 99%의 얼음 성분인 것으로 밝혀졌다.

⇓

새로운 이론 도출
따라서 지구에 생명체가 존재하듯이 화성에도 생명체가 존재했거나 존재할 가능성을 생각해 볼 수 있다.

유아들에게 논술을 유도하기는 그렇게 쉬운 일이 아니다. 하지만 논술의 근거가 되는 논리적 사고는 의도된 교육으로 향상시킬 수 있다. 논리적 사고는 논술의 가장 기본이 되는 사고의 핵심어 "왜? *Why*"에서 비롯된다. 왜?라는 질문에서 비롯되는 확산적 사고를 통해 창의력을 향상시킴과 동시에 논리적인 해답을 찾기 위해 논리적 사고를 필요로 하기 때문이다.

그러기 위해서 유아를 지도하는 교사는 창의력을 향상시킬 수 있는 사고영역과 논술의 기본 개념을 정확하게 파악하고 실생활에 응용하려는 시도가 전제가 되어야 한다. 유아와 함께 생활하는 교사들이 가장 현실적으로 와 닿은 논술꺼리를 찾을 수 있기 때문이다.

다음의 표는 각 교과영역으로 접목하여 창의력 확산과 논리적 사고를 향상할 수 있도록 제시한 모델이다. 이 과정에 의해 다음 장에 나오는 Ⅵ. 실제 활동자료에서 유아들이 활용할 수 있는 수업지도안과 활동지를 제시하고 있어 참고하면 도움이 될 것이다.

어떤 사물이나 현상	➲	왜? If~ then 기법	➲	**확산적 사고** 창의력 정의적, 인지적 사고영역 활용 **수렴적 사고** 설명과 논증으로 논리적 사고 향상	➲	자신의 생각을 논리적으로 주장, 상대방을 이해시키거나 설득함

유아 논리교육 수업지도안 순서

1. 텍스트 선정
   - 각 교과영역에 관련된 책 또는 기타 자료
     (현실성과 흥미를 내재한 텍스트 제시)

2. 방법론 도입
   1) 도입 부분
      - 생각 열기 과정으로 주제와 관련된 워밍업 수준의 활동
   2) 전개 부분
      - 생각 풀기 과정으로 체험을 통한 토의 및 토론
        (브레인스토밍 중심의 확산적 사고와 수렴적 사고 유도 : 창의력 향상)
      - 표현활동(그 날의 논술 주제를 다룬다.)

3. 마무리
   1) 제시한 활동지에 쓰거나 그리기
   2) 논술 주제를 압축시킨 행동이나 말하기

Ⅵ. 실제 활동자료

1. 창의력 향상을 위한 활동자료
2. 논리적 향상을 위한 활동자료
3. 전래동화로 접목한 활동자료
4. 창작동화로 접목한 활동자료
5. 세계명작으로 접목한 활동자료
6. 과학동시로 접목한 활동자료

1. 창의력 향상을 위한 활동자료

내가 만든 윷놀이

사고 영역 : 창의력(독창성)

교육 내용 : 여러분은 윷놀이를 해 본 적이 있나요?
윷놀이는 정월 초하루부터 보름날까지 하는 놀이예요. 부여족 시대에 다섯 가축을 다섯 부족에게 나누어 주어 경쟁적으로 번식시킬 목적에서 비롯된 놀이라고 해요. 다음은 어떤 동물을 뜻할까요?

도 :

개 :

걸 :

윷 :

모 :

*** 윷 : 3cm쯤 되는 박달나무나 붉은 통싸리나무를 15cm 정도로 잘라 만든 장작윷은 주로 안방, 마당에서 즐겼으며 경상도 지방에선 밤윷이라 하여 밤알 만하게 만든 것으로 간장종지 같은 것에 넣어 손바닥으로 덮어 쥐고 흔든 다음 땅바닥에 던지기도 했지요.

이처럼 윷놀이는 정초에 친한 사람들끼리 모여 윷을 던지고 흥을 돋우는 놀이로 우리 민족의 담백하고 검소한 일면을 보여주는 한 예라 할 수 있답니다.
자! 그러면 우리들이 규칙을 정하여 윷판을 재미있게 만들어 볼까요?

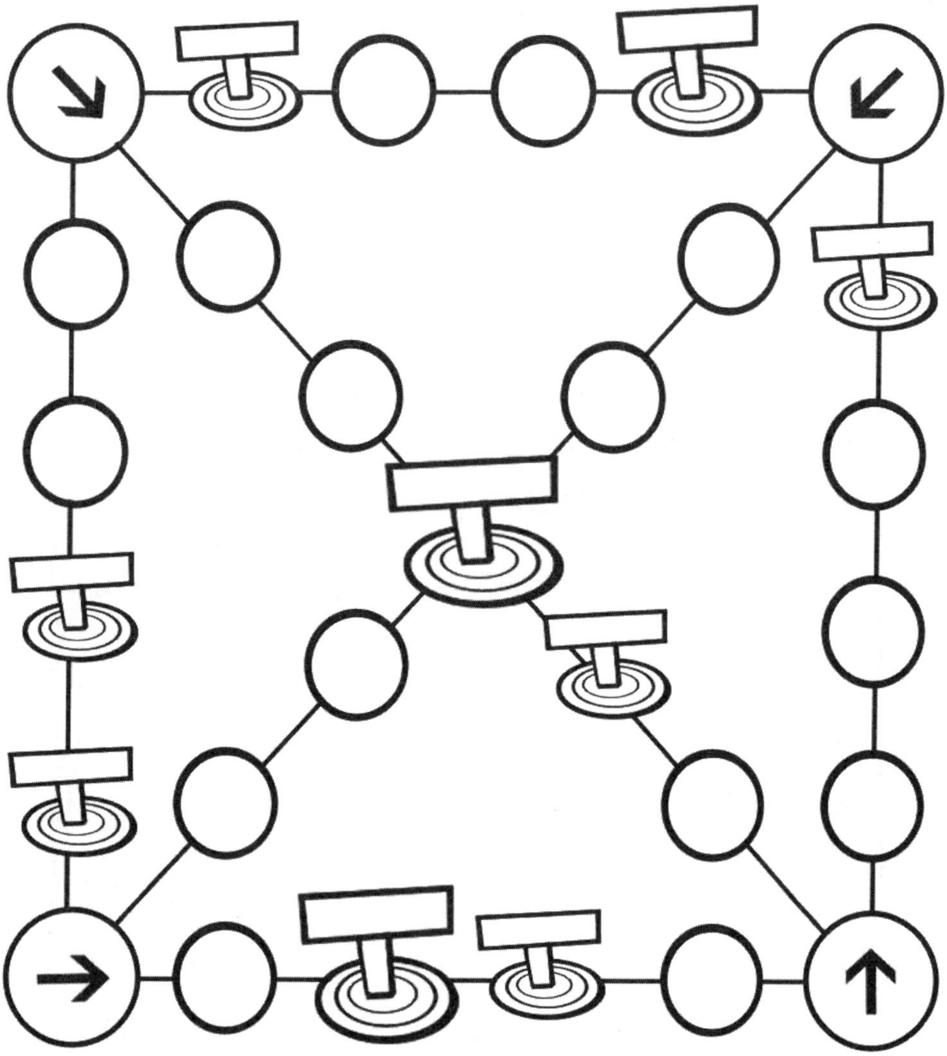

* 이 윷놀이 그림을 크게 만들어 바닥에 깔아놓고 교사가 유아들과 함께 규칙을 정한 뒤 놀이로 접목하면 좋아요.

무엇일까?

사고 영역 : 창의력(독창성, 정교성)

교육 내용 : "꽝! 와그르르~ "

집이 무너지는 듯 요란한 소리가 났어요.

깜짝 놀라 밖으로 뛰어나갔더니 옆집 담에 무엇인가가 뚫고 나간 흔적만이 남아 있었어요.

동네 사람들은 무엇이 뚫고 나간 것인지에 대해 서로 목소리를 높여 이야기를 했어요.

과연 무엇이었을까요?

그림으로 그려 보세요.

X레이 놀이

사고 영역 : 창의력(민감성, 집중력)

교육 내용 : 칠판에 그려진 바둑판을 보고 공간 지각력과 전체와 부분에 대한 기억 훈련법이에요.
오른쪽 두뇌 개발훈련이지요.
집중을 하지 않으면 X레이 놀이는 재미가 없겠지요?
선생님의 질문에 따라 놀이를 시작해 볼까요?
다음의 바둑판을 이용해서 답하세요.

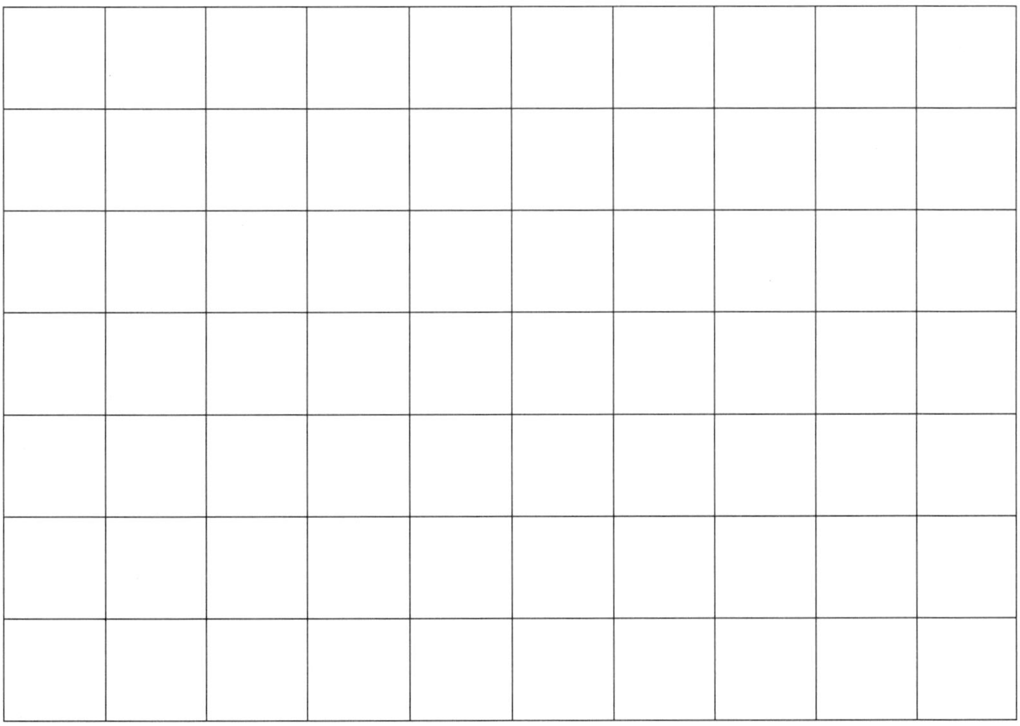

선생님이 칠판에 자석바둑을 놓고 1분 정도 보여준 다음 거두어들인다. 그 다음 어린이들이 그 모습을 떠올리면서 바둑알을 위 바둑판에 똑같이 놓아 보는 기억 훈련법이다.

나는 꼬마화가

사고 영역 : 창의력(정교성)

교육 내용 : 우리는 오른손을 사용하는데 익숙해져 있어요.
오늘은 얌전히 있는 왼손을 사용하여 그림을 그려 볼까요?
그림의 내용은 겨울 풍경을 생각하여 제목을 붙이고
자세하게 그려 보세요.(왼손 쓰는 친구는 당연히 오른손 사용)
왼손으로 자세하게 그릴 수 있는 친구가 오늘의 창의왕이에요.

그림 제목 : ______________________________

창의성 드라마

사고 영역 : 창의력(자발성, 독창성)

교육 내용 : 서로 말이 안 통하는 외국 사람을 만났어요.
하는 수 없이 손짓 발짓이라도 해야 했지요.
"안녕? 너를 만나서 반가워."라는 말을
1. 안녕? 2. 너를 3. 만나서 4. 반가워로 나누어
몸짓으로 꾸며 보세요.
또 어떤 말을 했을까요?(몸짓으로)

쌍둥이 토끼야! 안녕?

사고 영역 : 창의력(정교성)

교육 내용 : 민수는 시골 할머니 댁에 놀러 가서 토끼를 보았어요.
토끼는 두 개의 이빨을 내보이며 민수에게 인사를 했어요.
그 모습이 너무 귀여워서 사진을 찍어 왔어요.
정말 귀엽지요?
그런데 이 토끼는 쌍둥이 토끼였어요.
나머지 토끼 한 마리를 쌍둥이처럼 똑같이 그려 주세요.
쌍둥이 토끼는 무슨 이야기를 할까요?
쌍둥이 토끼는 무슨 색깔의 토끼였을까요?

원시인의 실수

사고 영역 : 창의력(융통성, 독창성)

교육 내용 : 아주 먼 옛날에 살던 원시인은 글자 대신 그림으로 이야기를 썼대요.
어느 원시인이 동굴의 벽에 이야기를 그림으로 그렸는데 개구쟁이 원시인이 그만 지워 버렸어요.
자! 여러분이 원시인이 되어서 그림을 그려 볼까요?

내용 : 기다리던 보슬비가 내렸어요.
꽃들은 방긋방긋 웃었어요.
물고기들은 좋아서 펄떡펄떡 뛰어올라요.
나는 친구들과 고기망을 들고 시냇가로 갔지요.

이쑤시개의 비밀

사고 영역 : 창의력(유창성, 융통성)

교육 내용 : 이쑤시개의 본래의 쓰임에 대해서는 모두 잘 알고 있죠?
그럼 이쑤시개는 또 어디에 쓸 수 있는지 10가지 이상 생각해 보고 적어 보세요.

바다의 기호는?

사고 영역 : 창의력(유창성, 독창성)

교육 내용 : '바다' 하면 떠오르는 게 많지요?
조각배, 갈매기, 바닷속 물고기, 또 무엇이 있을까요?
생각나는 대로 기호로 그려 보세요.

창의성 드라마

사고 영역 : 창의력(독창성, 자발성)

교육 내용 : 등장인물 : 빵집 주인 1명
종업원 1명
소년 혹은 소녀 1명
빵집 주인의 아내 1명
손님 여러 명

상황 : 조그만 빵집에 종업원이 가게를 정리하고 있었다.
주인이 잠시 화장실에 간 사이에 아주 허름한 소년 한 명이 빵을 구걸하러 왔지만 종업원은 빵을 마음대로 주어서는 안 된다는 생각이 들었다.
어떠한 상황이 벌어질까요?
그들은 서로에게 어떤 말을 나눌까요?
주인이 돌아와서 어떤 말을 할까요?

창의성 드라마(팬터마임)

사고 영역 : 창의력(독창성)

교육 내용 : 다음의 상황을 잘 읽어 보고 나서 소리나 대사 없이 몸의 움직임만으로 특정상황을 표현해 보세요.
한 사람이 두 가지씩 연기해 보세요.

상황설명 : 1. 어미물새가 먹이를 찾아다니는 모습
2. 모두가 잠든 밤의 거리 풍경
3. 처음 나는 새의 어색한 모습
4. 천천히 시들어 가는 꽃
5. 옷걸이에서 옷이 천천히 떨어지는 모습
6. 배고픈 아이, 배부른 아줌마, 배고픈 노인

팬터마임을 하면서 느낀 점은?

____

____

____

____

아홉 조각 댕소리

사고 영역 : 창의력(융통성, 집중력)

교육 내용 : 아래의 아홉 조각을 잘라 ㄱ ~ ㅂ 까지 모양을 맞추어 보세요.

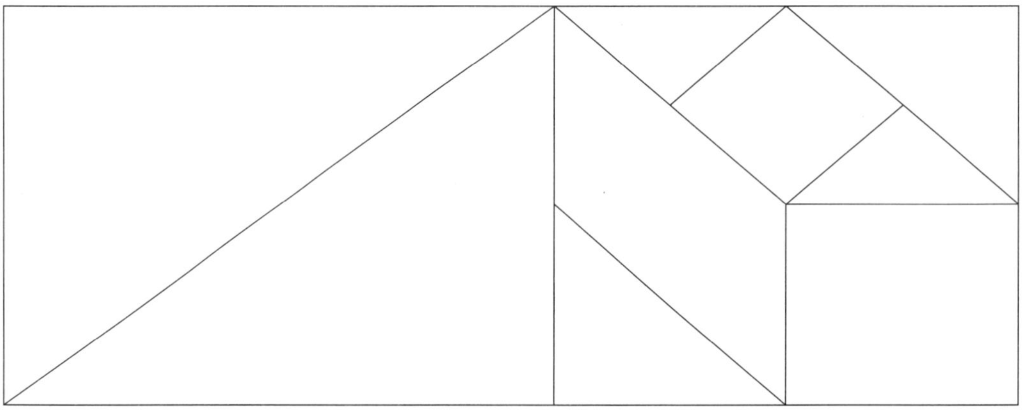

보기) ㄱ을 다음과 같이 만들 수 있겠지요?

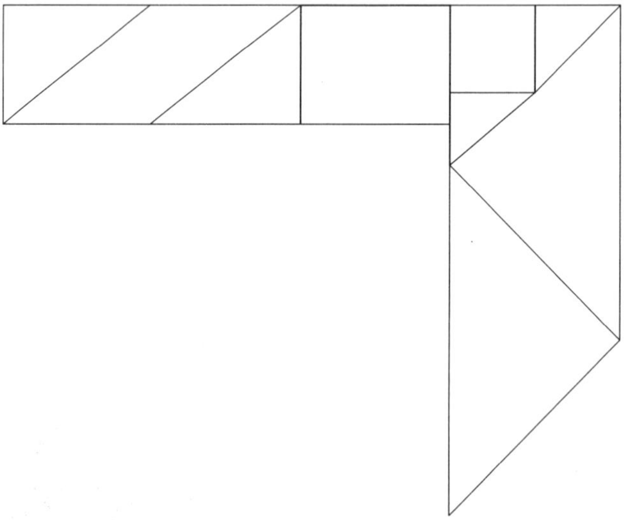

멍멍멍멍!!

사고 영역 : 창의력(유창성, 융통성)

교육 내용 : 아홉 조각의 모양을 이용하면 멍멍이도 만들 수 있어요.
여러 가지 모양의 강아지들을 만들 수 있어요.
혼자 있는 강아지에게 많은 친구들을 만들어 주세요.
(조각으로 만든 다음 만든 모양을 그림으로 그려보기)

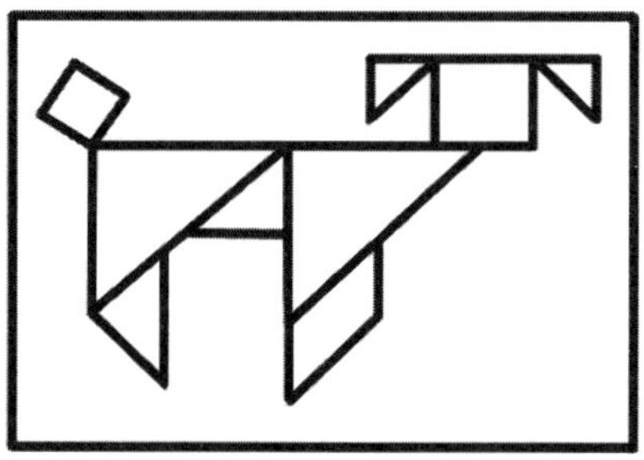

1.	2.	3.

4.	5.	6.

다르게 보여요!

사고 영역 : 창의력(융통성, 독창성)

교육 내용 : 다음의 그림을 ~라고 생각한다면 무엇이 될까요?

여러 가지 질문에 맞는 대답을 해 보세요.

☞ 물건의 유사관계

예) 3번을 못이라고 생각한다면 8번은 무엇이 될까요?

1번을 겨울에 내리는 눈이라고 생각한다면 3번은 무엇이 될까요?

여러 가지 답을 생각해 볼까요?

다르게 보여요! 예시자료

□ 문제와 그림을 보고 질문에 답하세요.

1 3번을 못이라고 생각한다면, 8번은 무엇이 될까요?
2 4번을 네트라고 생각한다면, 2번은 무엇이 될까요?
3 1번을 겨울에 내리는 눈이라고 생각한다면, 3번은 무엇이 될까요?
4 7번을 머리라고 생각한다면, 6번은 무엇이 될까요?
5 1번을 얼굴에서 눈이라고 생각한다면, 8번은 무엇이 될까요?
6 2번을 개미라고 생각한다면, 7번은 무엇이 될까요?
7 8번을 램프라고 생각한다면, 2번은 무엇이 될까요?
8 2번을 자동차라고 생각한다면, 2번은 무엇이 될까요?
9 7번을 태양이라고 생각한다면, 2번은 무엇이 될까요?
10 1번을 어머니와 아버지라고 생각한다면, 2번은 무엇이 될까요?
11 9번을 황소 떼라고 생각한다면, 4번은 무엇이 될까요?
12 2번을 아이스크림이라고 생각한다면, 3번은 무엇이 될까요?
13 6번을 실이라고 생각한다면, 2번은 무엇이 될까요?
14 5번을 나무라고 생각한다면, 9번은 무엇이 될까요?

낮에 나온 반달

사고 영역 : 창의력(유창성, 독창성)
교육 내용 : 어? 낮에도 달이 떴네?
아래 반달 도형을 가지고 무엇을 그릴 수 있을까요?
다양하고 독특한 사물을 생각하여 그려 보세요.
종이를 어떤 방향으로 돌려 보아도 좋아요.

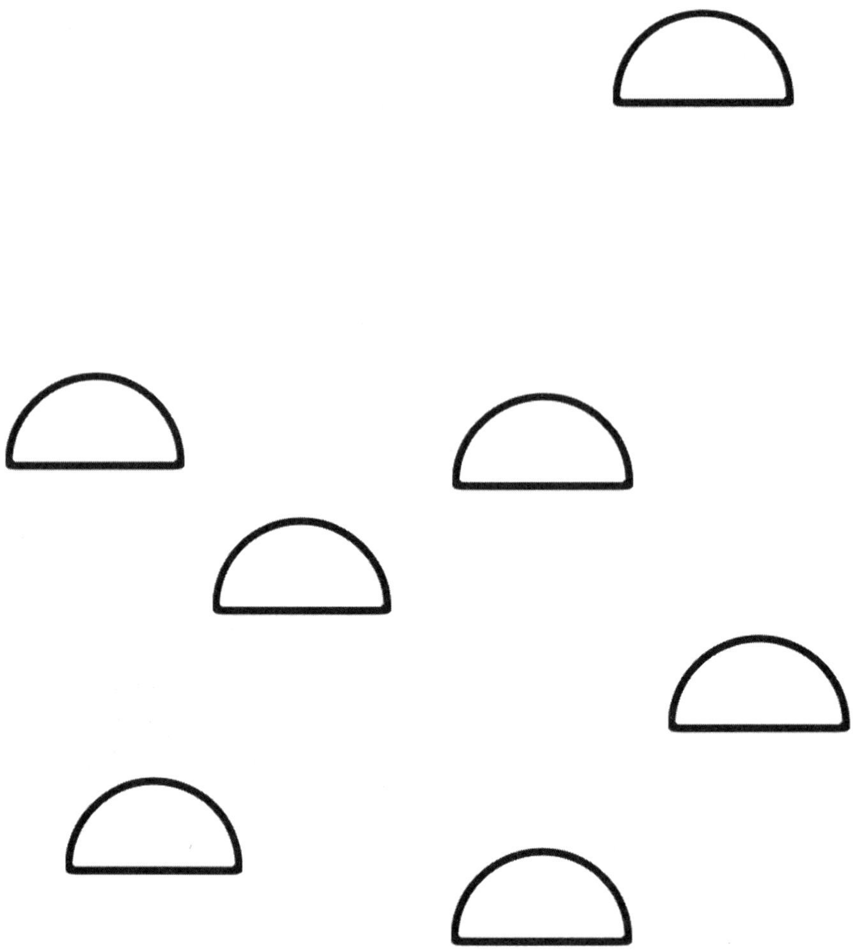

도형의 놀이마당

사고 영역 : 창의력(유창성, 독창성)

교육 내용 : 다음의 그림 칸에 도형 놀이마당을 만들어 볼까요?
보기의 도형을 가지고 가장 새롭고 기발한 생각으로 여러 가지 모양을 만들어 보세요.
보기 : VC

우리 친구할래?

사고 영역 : 창의력(민감성, 융통성)

교육 내용 : 소리의 느낌을 그림으로 그려 보면 어떨까요?
실제로 다음과 같은 소리를 만들어 보고 그 느낌을 그림으로 나타내 보세요.
또 그 소리를 들으면서 떠오르는 것을 자유롭게 적어 보세요.

예) 숟가락으로 유리컵을 두드리는 소리

◆◆◆◆◆

* 손바닥 비비는 소리

* 종이 찢는 소리

* 수돗물 쏟아지는 소리

* 창문 여는 소리

* 주전자에서 물이 끓는 소리

* 지금 있는 자리에서 맡을 수 있는 모든 냄새를 적어보세요.

소리와 모양은 친구야!

사고 영역 : 창의력(민감성, 독창성)

수업 영역 : 소리 나는 그림을 본 적이 있나요?
아래 두 개의 그림 중에서 “풍팡풍팡” 소리는 어디에서 들리나요? “쨍그렁” 소리는요?

(　　　　　　)

(　　　　　　)

1. 다음 그림을 보고 어울리는 소리를 만들어 써 보세요.

(　　　　　　)

(　　　　　　)

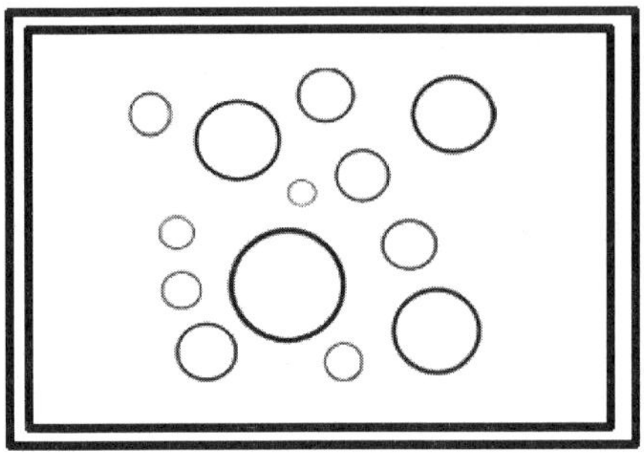

(   )

(   )

2. 이번에는 다음과 같은 소리와 어울리는 그림을 그려 보세요.

"조잘조잘"

"찌지직"

"쓱쓱"

"수리수리 마하수리"

내 말 들어 보세요!

사고 영역 : 창의력(마인드맵)
교육 내용 : 하고 싶은 말이 있어요
내 말 좀 들어 보세요!

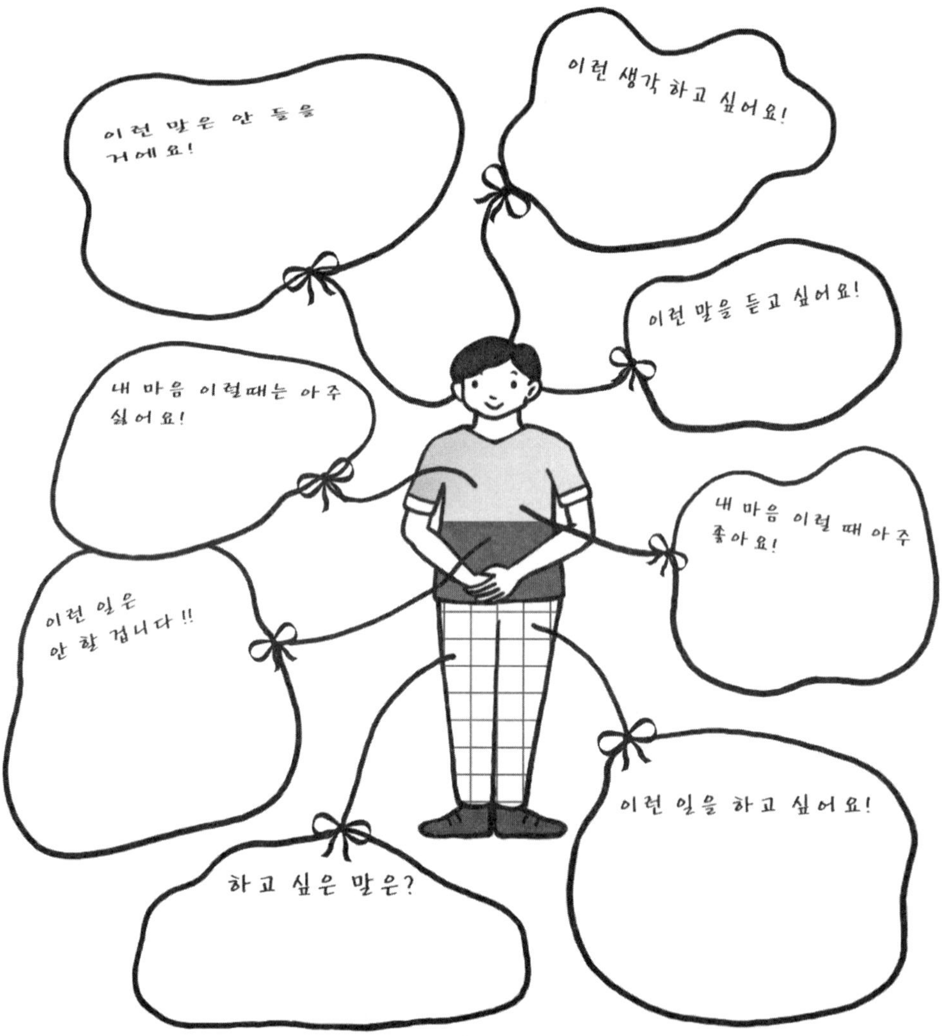

무슨 이야기를 할까?

사고 영역 : 창의력(유창성, 정교성)

수업 영역 : 어머니의 핸드백 안에는 여러 가지 물건들이 들어 있어요. 핸드백 안에 들어 있는 물건들을 그림으로 간단하게 그리고 말 주머니를 만들어 그들이 서로 이야기하는 내용을 써 보세요.

손가락 프린팅

사고 영역 : 창의력(융통성, 독창성)

교육 내용 : 여러분의 손바닥을 펴 보세요.
손가락에는 어떤 무늬가 그려져 있나요?
사람마다 모두 다른 무늬가 그려져 있는데
이 무늬를 '지문'이라고 해요.
자! 그러면 손가락에 있는 지문을 찍어서 그림을 그려 볼까요?
제목도 써 보세요.

떠오르는 생각들

사고 영역 : 창의력(민감성, 융통성)

교육 내용 : 우리가 살아가면서 사람들의 여러 가지 표정을 많이 봅니다.

사람들의 표정에는 어떤 것들이 있나요?

그 표정을 보면 어떤 생각, 누구 얼굴이 떠오르나요?

또 어떤 물건이 생각나나요?

글로 쓰거나 그림으로 표현해 보세요.

표　정	떠오르는 생각	생각나는 물건
울고 있는 모습	빗물	소금
밝게 웃는 모습		
짜증내는 모습		
화를 내는 모습		
찡그리고 있는 모습		
슬퍼하는 모습		
윙크 하는 모습		

♣ 나는 어떤 표정을 잘 짓는지 생각해 보세요.

2. 논리력 향상을 위한 활동자료

마른 얼음의 비밀

사고 영역 : 논리적으로 설명하기

교육 내용 : 뜨거운 여름이면 여러분이 제일 많이 찾는 것이 아이스크림이죠?
슈퍼에 가서 아이스크림을 살 때 잘 살펴보면 마른 얼음(드라이아이스)이 숨어 있어요.
자! 그럼 마른 얼음의 비밀을 캐러 냉동고로 가 볼까요?
짜짠!! 여기 마른 얼음이 있어요!

1. '화상'과 '동상'의 차이점을 설명해 보세요.

화상 :

동상 :

1도 동상 :

2도 동상 :

3도 동상 :

2. 드라이아이스(마른 얼음)는 어떻게 만들어질까요?

3. 드라이아이스를 물에 넣었을 때 흰색의 연기가 나는 것은 무엇 때문일까요?

4. 드라이아이스를 이용할 수 있는 곳은?

찾아볼까?

수업 영역 : 논거와 설명하기

교육 내용 : 다음 그림은 강호가 사나운 개에게 물리는 그림이에요.

그런데 숨어 있는 그림이 있어요.

찾는 것에는 예쁜 색깔로 칠해 주세요.

강호는 왜 개에게 물렸을까요?

개에게 물린 강호는 어떻게 되었을까요?

설명해 보세요.

눈금자, 하트, 가위, 통나무, 토끼, 크레용, 종이배

반짝반짝! 무얼까?

사고 영역 : 설명하기
교육 내용 : 반딧불이는 여름밤에 빛을 내는 곤충이죠.
깜깜한 여름밤에 반딧불이가 여기저기 날아다니는 모습은 정말 아름답지요.

1. 반딧불이는 어떻게 생긴 곤충일까요?

* 반딧불이의 한 살이 :

* 반딧불이의 모양 :

2. 반딧불이는 왜 꽁무니에서 빛을 낼까요?

3. 반딧불이가 살기 좋은 환경은 어떠 할까요?

4. 여러분이 만약 반딧불이라면 어떤 일을 할 것인가 상상해서 써 보거나 그려 보세요.

무엇이 같을까?

사고 영역 : 설명하기(비교)

교육 내용 : 우리 주변에는 모양, 크기, 성질, 용도 등이 서로 다른 수많은 것들이 있어요.

그러나 얼핏 보기에 다른 것 같아도 자세히 살펴보고 곰곰이 생각해 보면 그것들 사이의 같은 점을 찾아 낼 수 있어요.

다음의 단어 카드를 뽑아서 그들의 공통점을 적어 보세요.

예시) 책 ↔ 달걀 → 공통점 : 1. 쉽게 운반할 수 있다. 2. 책은 마음을 살찌우고 달걀은 몸을 살찌운다.

1.

2.

어떻게 할까?

사고 영역 : 논리적으로 설명하기

교육 내용 : 다음의 그림을 잘 보세요. 아주 이상하게 생긴 물고기에요.

이 물고기는 아주 커서 사람들을 해칠 수도 있대요.

어떡하지요?

우리의 친구 짱구가 이 물고기 뱃속이 어떻게 생겼나 궁금해서 몰래 들어가 보았대요.

자! 빨리 길을 찾아 나오지 않으면 죽을 수도 있어요.

여러분이 짱구가 나올 길을 찾아 주세요.

이 물고기 이름은 무엇일까요? 여러분이 지어 보세요.

짱구가 물고기 뱃속에서 본 것들은 무엇이 있을까요?

개미들의 집

사고 영역 : 논거를 제시하며 설명하기

교육 내용 : 부지런한 개미가 각 방마다 무엇인가를 잔뜩 모아 놓았군요.
그것들은 어떤 것들일까요?
왜 가지고 왔는지 설명해 볼까요?

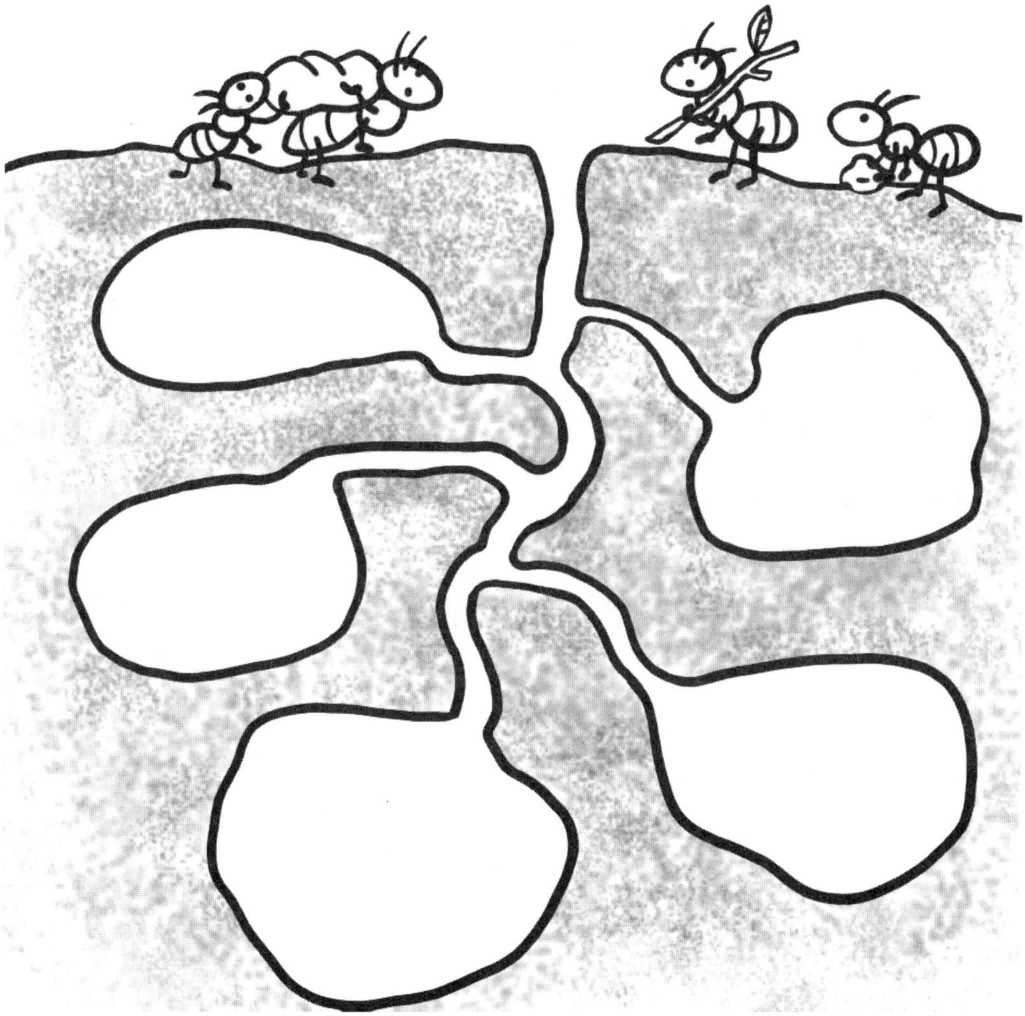

아빠의 발바닥

사고 영역 : 설명하기
수업 영역 : 아빠의 발톱을 깎아 드리고 발을 씻어 드려요.
(주물러 드리면 더 좋겠죠.)
그리고 우리 가족을 위하여 수고하는 우리 아빠의 발바닥을 주름까지도 자세히 그려 보세요.(이 종이 뒷면에 그리세요.)

"사랑해요! 아빠!!"

1. 발이 걷는 거리는?
: 사람이 태어나서 60세까지 약 16만 킬로미터
(지구의 세 바퀴 반의 거리)

2. 발의 구성은?
: 26개의 뼈와 1백여 개의 힘줄과 인대가 모여 있음

3. 걸을 때 발이 받는 압력은?
: 약 1킬로미터를 걸을 때 대형 트럭 두 대분인 15톤
(발은 이 압력을 이용해 아래로 몰린 피를 심장을 향해 뿜어 주는 일을 하므로 발은 '제2의 심장'이라고 함)

4. 발의 휴식은?
: 신발은 발의 길이와 폭보다 1~1.5 센티미터 여유가 있어야 함
따뜻한 물에 20분간 담가 두면 피로 회복 최고!

엄마의 발바닥

사고 영역 : 다양한 관점으로 설명하기

수업 영역 : 우리 친구들!

아빠의 발바닥을 그려 보았나요?

글쎄, 창이 어머니는 아빠만 씻어 드린다고 토라졌대요.

오늘은 우리 예쁜 엄마! 소중한 엄마의 발을 그려 볼까요?

물론, 따뜻한 물에 씻어 드리고, 발도 주물러 드리세요.

엄마의 얼굴은 이 세상에서 가장 행복한 사람이 될 거에요.

엄마의 발바닥을 사랑스러운 마음으로 자세하게 그려 볼까요?

엄마에 대한 사랑도 꼬물꼬물 생길 거예요.

시~작!!!!!

☞ 1. 이 종이 뒷면에 엄마의 발바닥을 대고 본을 뜬다.
2. 발바닥에 있는 주름과 흉터, 자국 등을 자세히 그린다.
3. 왜 그런 것들이 생겼는지 설명해 본다.

신발을 쓱싹쓱싹!

사고 영역 : 설명하기
수업 영역 : 오늘은 엄마, 아빠의 신발을 살펴볼까요?

1. 아빠의 구두는 어떤 색인가요?

2. 아빠의 구두는 몇 켤레나 되나요?

3. 아빠의 구두를 닦으면서 느낌은 어떠했나요?

4. 엄마의 구두는 어떤 색인가요?

5. 엄마의 구두는 몇 켤레나 되나요?

6. 엄마의 구두를 닦으면서 느낌은 어떠했나요?

*** 제일 마음에 드는 구두 모양을 그려보기 ***

입을 벌려 보세요!

사고 영역 : 논거와 설명하기
수업 영역 : 엄마, 아빠의 입 속을 들여다 본 적이 있나요?
"엄마, 아빠! 아~하고 입을 벌려 보세요."

1. 엄마의 이는 몇 개나 있나요?
   벌레 먹은 이(충치)는 몇 개?
   인공 이(인플랜트)는 몇 개?

2. 아빠의 이는 몇 개나 있나요?
   벌레 먹은 이(충치)는 몇 개?
   인공 이(인플랜트)는 몇 개?

3. 이가 소중한 까닭을 엄마, 아빠에게 물어 보고 써 보세요.

____

____

____

____

____

____

우리 엄마, 아빠예요!

사고 영역 : 설명하기

수업 영역 : 보고 또 보아도 좋은 우리 엄마, 아빠!!
엄마, 아빠의 얼굴을 그려 보세요. 어디가 제일 예쁘지요?

마음을 열어요!

사고 영역 : 논리적으로 설명하기

수업 영역 : 나는 내 생각만 하고 생활할 때가 많아요.

엄마, 아빠는 무엇을 생각하고 계시는지,

엄마, 아빠의 고민은 무엇인지 생각해 보지 않았어요.

나는 엄마, 아빠의 소중한 보물!

오늘만은 엄마, 아빠의 마음을 열어 보고 싶어요.

1. 엄마! 가장 행복할 때는 언제인가요?

2. 아빠! 가장 행복할 때는 언제인가요?

3. 엄마! 지금 걱정거리는 무엇인가요?

4. 아빠! 지금 걱정거리는 무엇인가요?

♥ 엄마, 아빠의 마음을 헤아리는 착한 아들딸이 되고 싶어요!

엄마, 아빠가 어렸을 적에!

사고 영역 : 설명하기

수업 영역 : 엄마, 아빠의 고향은 어디일까요?

엄마,아빠의 고향 이야기를 들어 보세요.

어떤 재미난 이야기가 있을까요?

들은 이야기를 그림으로 그려 보세요.

1. 엄마 고향 주소 :

2. 아빠 고향 주소 :

엄마! 아빠! 사랑해요!

사고 영역 : 설명하기

수업 영역 : 엄마! 아빠!

내가 태어날 때 어떤 모습이었는지,

듣고 들어도 기분이 참~ 좋아요.

1. 내가 태어났을 때 시간은 언제였나요?

2. 내가 태어날 때 몸무게는 얼마였어요?

3. 내가 태어날 때 엄마의 고통을 말로 표현한다면?

4. 내가 태어났을 때 아빠의 첫 말씀은?

이제야 알았어요!

사고 영역 : 논거와 설명하기

수업 영역 : 우리를 희망으로

우리를 보람으로 느끼며
아무리 힘들고 어려워도 참으시고,
우리들의 모습을 떠올리며 묵묵히 생활하시는 엄마, 아빠!
우리들에게 햇빛, 물, 영양분이 되어 주시는 엄마, 아빠!
더불어, 예전엔 없었던 굳은살도
엄마, 아빠의 일부처럼 함께 두꺼워지는 것을 느꼈지요.

1. 엄마, 아빠의 굳은살은 왜 생겼을까?

2. 엄마, 아빠의 굳은살을 만져 본 느낌은?

3. 엄마, 아빠의 어느 곳에 굳은살이 있나요?

엄마, 아빠에게!

사고 영역 : 설명하기

수업 영역 : 엄마, 아빠에 대하여 조금이나마 알게 되었어요.

여전히 변함없는 것은
엄마, 아빠의 사랑임을 느꼈고,
사랑한다는 것은
아껴 주고 이해하는 것이며
관심을 가져 주는 것이라는 걸 알았어요.
평소에 하지 못했던 말이나, 느낀 점, 그리고 하고 싶은 말을
솔직하게 적어 볼까요?

닮고 싶은 얼굴

사고 영역 : 논거와 설명하기

교육 내용 : 5월 5일은 어린이날입니다.

여러분의 날이죠?

여러분이 좋아하는 어린이날은 어떻게 해서 생겼을까요?

'어린이'란 말은 어떤 말일까요?

어린이날을 만든 방정환 선생님은 어떤 분일까요?

우리 모두 이야기를 들어 볼까요?

그리고 '어린이 선언문'을 알고 있나요?

다 같이 큰 소리로 읽어 보며 뜻을 알아봅시다.

어린이 선언문

1. 돋는 해와 지는 해를 반드시 보기로 합시다.
2. 어른에게는 물론이고 여러분끼리도 서로 존대하기로 합시다.
3. 뒷간이나 담벼락에 글씨를 쓰거나 그림 같은 것을 그리지 맙시다.
4. 꽃이나 풀을 꺾지 말고 동물을 사랑하기로 합시다.
5. 전차나 기차에서는 어른에게 자리를 양보하기로 합시다.
6. 입을 꼭 다물고 몸을 바르게 가지기로 합시다.

*** 어린이날 바라는 점 발표하기

*** 어린이날 느낌 발표하기

어떤 일이 벌어졌을까?

사고 영역 : 논거와 설명하기

교육 내용 : 아래와 같이 앞뒤 내용이 없는 말들에 대해 상황을 예로 들어 자세하게 설명을 해 볼까요?

예) 착한 일을 했으니 상을 주자. → 주은 지갑을 주인에게 돌려주었으니 선물을 주는 상황

1. 용서해 주세요!

2. 어떻게 고치면 좋지?

3. 이럴 땐 내가 왕이야!

4. 두 개로 늘리다.

5. 잘못 생각했어요.

6. 점점 늘어나요.

장미 한 트럭이!!

사고 영역 : 논거와 설명하기

교육 내용 : 지금 아래와 같은 상황에 놓여 있다면 그 이유는 각각 무엇일까요? 있음직한 이야기도 좋고, 정말 재미있는 이야기, 상상을 초월한 이야기 모두 좋아요.

1. 내 몫으로 장미 한 트럭이 왔어요.

2. 3일 동안 계속해서 웃음이 나요.

3. 친구들이 '헹가래'를 해 주어요.

4. 얼굴에 구슬땀이 흘러요.

닮고 싶어요!

사고 영역 : 민감성, 개방성

교육 내용 : 지구의 양끝에는 북극과 남극이 자리잡고 있어요.

오늘은 남극에 있는 '세종기지' 사람들 이야기를 들어 볼까요?

남극의 신사 펭귄과 재미있는 이야기도 많이 있지요.

선생님의 이야기를 듣고 생각나는 낱말과 그림을 그려 볼까요?

여러분도 남극에서 연구할 수 있는 과학자가 될 수 있답니다.

☞ 남극 '세종기지 사람들'에 대하여 알아볼까요?

1. 남극 : 대륙성 기후. 빙산의 모양 → 테이블 모양
(두께 : 보통 20~30미터 수면 밑은 8배)
기후 : 1년 평균 온도가 영하 55도 여름 : 영하 30도
(침을 뱉으면 얼음 조각이 되어 떨어짐
선글라스 착용 : 햇빛의 반사가 심하므로 백내장이나 시력 저하
얼음 계곡 : 크레바스 얼음과 눈으로 덥혀 있음)
2. 북극 : 해양성 기후. 빙산의 모양 → 피라미드 모양

3. 세종기지 : 1986년 남극조약에 의해 33번째 국가로 가입한 후 킹조지 섬에 5백평 규모의 세종기지를 건설하였다.
상주 대원들이 있으며 해양 지질 대기 환경 분야에서 연구를 한다.
연구업적 : 지구의 온난화로 최근 10년간 남극의 빙벽이 2백 50미터나 뒤로 후퇴한 점과 남극 해저 50미터에 메탄 가스층을 발견한 점

4. 남극에서의 생활규칙
1) 성장 속도가 느린 남극의 희귀식물 보호를 위해서 가능한 한 땅에 난 이끼나 풀을 밟지 않고 길로만 다닌다.
2) 남극에서 쓰레기가 분해되는데 수십 년이 걸리므로 모든 쓰레기는 다른 곳으로 가져간다.
3) 급격한 기후 변화 크레바스 등으로 매우 위험한 곳이므로 절대 혼자 행동하지 않는다.(비상식량이나 물품은 항시 휴대함)

5. 남극의 식물과 동물 : 남극은 약 2백 50만 년 전에 지금처럼 땅이 얼었는데도 미생물부터 펭귄, 물개, 고래를 비롯하여 물고기에 이르기까지 많은 생물이 살고 있다.
날씨가 춥기 때문에 성장이 매우 느리다.
세종기지 앞 바다 수심 5~30미터에서는 대형 갈조류, 성게, 불가사리, 말미잘, 멍게, 삿갓조개, 해면 태형동물, 강장동물 등이 살고 있다.

6. 오로라 : 오로라는 극 주위의 극광대라 불리는 지대의 하늘에서 자주 볼 수 있다.(꿈의 빛, 빛의 동화)
오로라는 태양에서 방사되는 전기를 띤 분자가 전리층의 극히 엷은 가스에 부딪혀 눈부신 색채의

빛을 내는 것이다.

7. 남극의 빙하 : 둥둥 떠다니는 빙하는 바닷물이 얼 때 소금이 빠져 나가 순수한 물만 얼음이 된다.(얼음을 녹여 밥을 해 먹는다.)
두께 : 평균 200~300미터

8. 오존층 : 햇빛 중에는 인체에 나쁜 영향을 미치는 자외선이 있는데 이를 대기 중의 오존이 막아준다. 오존층에서는 피부암에 걸리거나 눈도 실명하지 않는다. 최근 인공위성으로 찍은 사진을 보면 남극의 하늘은 오존층이 파괴돼 구멍이 났다.

9. 지구 온난화 : 극지방의 빙하 녹음 → 전세계의 해수면이 높아짐 → 물에 잠김

땅거미가 지고

사고 영역 : 설명하기

교육 내용 : 다음의 이야기를 마무리해 보세요.

누구도 상상할 수 없는 이야기로 꾸민다면 가장 독창적인 이야기가 되겠지요.
(말하기 또는 글쓰기)

> 오늘도 훈이는 학교 화장실에서 물총놀이를 하고 있었다.
> "헤헤헤~ 재미있다."
> 훈이가 눈 오줌은 이리저리 마구 뿌려졌다. 그래서 변기는 온통 오줌범벅이 되었다. 장난꾸러기 훈이의 물총놀이 때문에 변기는 언제나 오줌 지린내가 났다.
> 그날 밤 학교 화장실 변기에 눌러 붙은 오줌자국이 스멀스멀 움직이기 시작하더니 형체도 알 수 없는 해파리 모양으로 변하였다.

순서 없는 그림

사고 영역 : 논리적으로 이야기하기

교육 내용 : 다음 그림의 이야기는 어떤 내용일까요?

순서에 관계없이 여러분이 번호를 매겨 이야기를 꾸며 보세요.

이야기를 잘 꾸며 보고 한 사람씩 발표를 해 볼까요?

친구의 생각과 내 생각은 어떻게 다른지 들어 보세요.

사탕 모양은?

사고 영역 : 논거와 설명하기

교육 내용 : 맛있는 사탕이 5개씩 들어 있는 사탕 봉지를 두 개나 들고 뛰어가다가 그만 넘어졌어요.

왜 넘어졌을까요?

어떻게 할까요?

쏟아진 사탕은 모두 몇 개나 될까요?

사탕 모양이 다 다른 모양이래요. 어떤 사탕 모양일까?

그려 보세요.

재미있는 수학

사고 영역 : 논리적으로 설명하기

교육 내용 : 다음의 붙여진 숫자 카드를 잘 보세요.
이 숫자 카드를 2명이 4장씩 같은 점수가 되도록 나누려고 합니다. 단 4장씩 떨어지지 않도록 잘라야 합니다.
어떻게 자르면 될까요?

3	4	3	2
4	1	2	1

1. 민수, 수연, 수전, 용준 네 사람이 가위, 바위, 보를 했어요.
   처음에는 모두 보를 내어 비기고, 다음에는 수연이가 바위를 내고, 나머지 사람은 모두 가위를 내서 수연이가 이겼어요.
   그러면 이 네 사람이 펼친 손가락은 모두 몇 개일까요?

2. 타조와 낙타가 있어요.
   타조와 낙타를 합했더니 4마리였어요.
   그리고 타조의 다리와 낙타의 다리를 더해 보았더니 10개가 되었어요.
   타조와 낙타는 각각 몇 마리일까요?

무엇 무엇이 있을까?

사고 영역 : 설명하기

교육 내용 : 주변을 자세히 살펴보면 여러 가지의 모양이 있지요.

다음의 물체를 찾아볼까요?

☞ 알아두기! '물체'는 무엇을 말할까요?(사전 찾아보기)

1. 가늘고 길게 생긴 물체를 찾아보세요.

2. 둥근 모양의 물체를 찾아보세요.

3. 네모, 세모처럼 생긴 물체를 찾아보세요.

토끼야 놀자!

사고 영역 : 논거하기
교육 내용 : 하나의 사물을 관찰하면서 표현하기 놀이여요.

1. 다음 그림을 잘 보세요.

2. 토끼의 토끼의 이름을 지어 보세요.(5가지 이상)

1) 2) 3)

4) 5) 6)

3. 이번엔 토끼의 별명을 지어 보세요.(5가지 이상)

1) 2) 3)

4) 5) 6)

4. 토끼는 왜 뛰어가고 있을까요?(5가지 이상)

1)

2)

3)

4)

5)

6)

7)

아름다운 것은?

사고 영역 : 논거로 설명하기

수업 영역 : 이 세상에는 아름다운 것이 많이 있지요. 이 아름다운 것들은 물건이나 동물, 식물, 자연 뿐만 아니라, 우리 마음 속에도 있을 거예요.

여러분이 아름답다고 생각하는 것은 무엇이든 적어 보고 그 중 하나를 골라서 그 이유를 쓰고, 그림으로 그려 보세요.

◆ 아름다운 것 : ________________________________

____

____

◆ 하나를 골라 쓰고 그 이유 쓰기

____

____

____

◆ 아름다운 것 그리기

짠! 이렇게 변했어요!

사고 영역 : 논거와 설명하기

수업 영역 : 생물들은 자기 모습이 변화하는 것을 느낄 수 있어요.

만약에 여러분이 1년에 한 번씩 다른 생물로 변한다면 무엇으로 변화하고 싶은가요?

변화된 그 모습을 그림으로 그리고 이유를 써 보세요.

■ 변화된 모습 그리기

★ 이유 쓰기

어? 어떡하지?

사고 영역 : 설명하기

수업 영역 : 내가 어느 날 잠에서 깨어 보니 아빠는 50대였고 엄마는 6세된 작은 아이였어요. 이런 상황에서 일어날 수 있는 여러 가지를 상상해서 글로 써 보거나 말해 보고 변해 버린 아빠와 엄마의 모습을 그려 보세요.

◑ 글쓰기

◑ 그림 그리기

아하! 그럴 수도 있겠네!

사고 영역 : 논거와 설명하기
수업 영역 : 다음 내용을 잘 생각해 보세요.

1. 파란 하늘에 떠 있는 구름은 손오공의 자동차로 쓰이지요. 이 밖에 구름을 어떻게 사용할 수 있을까요? 여러 가지 방법을 써 보세요.

①

②

③

④

2. 우산은 비를 가려 주는데 사용해요. 또 다르게 사용하는 방법을 여러 가지로 생각하여 써 보세요.

①

②

③

④

3. 구두는 발을 보호하고 걷는데 도와주는 일을 하지요. 또 다른 사용 방법을 여러 가지로 생각하여 써 보세요.

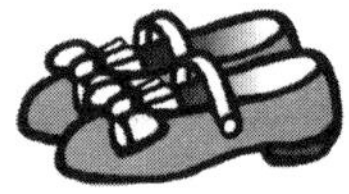

①

②

③

④

4. 안경은 눈을 보호하고 잘 보이게 도와주는 일을 해요. 또 다른 사용 방법을 여러 가지로 생각하여 써 보세요.

①

②

③

④

5. 책은 우리들에게 좋은 정보를 전해 주지요. 또 다른 사용 방법을 여러 가지로 생각하여 써 보세요.

①

②

③

④

⑤

옛날 옛날에

사고 영역 : 논거와 설명하기

교육 내용 : 다음의 문장을 차례차례로 돌리면서 (　　) 안에 알맞은 낱말을 넣어 보세요.

한 바퀴 돌면 (　　) 안의 낱말을 모두 모아서 하나의 문장을 만들어 보세요.

앞의 친구가 쓴 낱말을 생각하여 써 보세요.

1. 옛날에 (　　　　　　　　　　) 고양이가 살고 있었어요.

옛날에 (　　　　　　　　　　) 고양이가 살고 있었어요.

옛날에 (　　　　　　　　　　) 고양이가 살고 있었어요.

옛날에 (　　　　　　　　　　) 고양이가 살고 있었어요.

옛날에 (　　　　　　　　　　) 고양이가 살고 있었어요.

옛날에 (　　　　　　　　　　) 고양이가 살고 있었어요.

⇒ 옛날에

(　　　　　　,　　　　　　,　　　　　　,

　　　　　　,　　　　　　,　　　　　　)

고양이가 살고 있었어요.

2. 옛날에 ( ) 나무가 한 그루 있었어요.

옛날에 ( ) 나무가 한 그루 있었어요.

옛날에 ( ) 나무가 한 그루 있었어요.

옛날에 ( ) 나무가 한 그루 있었어요.

옛날에 ( ) 나무가 한 그루 있었어요.

옛날에 ( ) 나무가 한 그루 있었어요.

⇒ 옛날에

(, , ,

, ,)

나무가 한 그루 있었어요.

3. 전래동화로 접목한 활동자료

며느리 방귀

◎ 수업목표

1. 인물의 장점과 단점을 논리적으로 말할 수 있다.
2. 종이접기로 과일을 표현할 수 있다.

◎ 수업영역

1. 비교 · 분석하기
2. 종이접기

◎ 수업지도

1. 인물 평가하기
2. 과일 종이접기

◎ 도입

1. 무엇이 나올까? – 끝말 그림으로 만들기

① "방귀" 하면 연상되는 것에 대해 이야기를 나눈다.

– "방귀" 하면 무엇이 떠오르니?

② "방귀"에서 "방"자를 끝으로 보내면 무슨 단어들이 나올까?

– OOO방 – 노래방, 가방 등

(끝말잇기 게임 노래를 부르면서 재미있게 진행한다.)

"방귀의 '방'을 맨 끝으로 보내면? 가~방"

③ 연상되는 단어를 방귀 다음 칸에 그림으로 그린다.

(나이가 어리므로 어휘력이 부족하여 많은 단어를 이을 수 없으므로 단어의 첫 글자와 끝 글자

중에서 유추되는 단어를 연결하여 만들도록 한다.)
⑤ 글자와 그림을 섞어 단어를 채우도록 하고 모두 채워지면 교사와 아이가 게임 노래를 부르며 정리하도록 한다.
(OO의 O를 맨 앞으로 보내면~ O▽, ▽◑의 ◑를 맨 끝으로 보내면 ★◑ 방식으로 계속해서 부르며 정리한다.)

☯ 전개

2. 얍! 얍! 할 수 있어요.

: 며느리의 장점과 단점에 대해 이야기해 보고, 우리 모두 부족한 점이 있지만 잘 하는 일도 있다는 이야기를 며느리의 이야기를 통해 알려 준다.

① 며느리가 왜 집에서 쫓겨났는지 이야기해 본다.
(며느리처럼 방귀소리가 크면 어떤 일이 불편할지 이야기를 나누어 본다.)
② 왜 며느리가 다시 집으로 들어가 사랑받게 되었는지 이야기해 본다.
③ 며느리의 단점은 방귀소리가 너무 크다는 것이지만 장점으로는 지혜롭다는 이야기를 아이들과 이야기하면서 알려 준다.
(모든 사람은 단점이 있지만 장점도 있어서 단점이 있다고 속상해하지 말고 지혜롭게 상황을 이겨 나가면 된다는 이야기를 아이들에게 소개해 준다.)
④ 나의 단점과 장점은 무엇이 있는지 생각해 보게 한다.
(그림으로 표현한다. 문장쓰기가 가능한 아이는 문장으로 표현하도록 한다.)

3. 뿡뿡 방귀시합!

: 방귀를 가지고 여러 동물과 사람에 확장하여 생각해 볼 수 있도록 하는 활동입니다.

① 동물들의 방귀소리와 냄새에 대해 이야기를 나누어 본다.
(교사는 여러 가지 동물 사진을 미리 제시해 두면 좋다.)

참고자료

동물들의 방귀

동물들이 방귀를 뀌는 것은 내장 안에 소화를 도와주는 아주 작은 유기체(박테리아 같은)가 살고 있기 때문입니다. 이 박테리아들은 복잡한 먹이 화학물을 단순한 화학물로 쪼개어 몸에 흡수되도록 도와 줍니다.

> 방귀는 이 과정에서 나오는 것입니다. 예를 들면 소는 대규모 천연가스 공장입니다. 소는 엄청난 양의 건초나 식물들을 먹어치우는데 이들의 뱃속에는 소화를 도와주는 작은 유기체들이 살고 있습니다. 그래서 소는 메탄이라고 하는 가스를 몸 속에서 만들 수 있습니다.
>
> 이 가스를 몸 밖으로 내보내기 위해서 트림을 하거나 방귀를 뀌는 것이지요! 마찬가지로 곤충의 내장 속에도 역시 소화를 도와주는 아주 작은 유기체들이 살고 있습니다. 그래서 자연히 방귀도 뀌게 되지요.
>
> 흰개미도 아주 작은 유기체들의 도움으로 많은 식물 먹이를 소화시키는 곤충인데, 모든 곤충들 중에서 아니 어쩌면 모든 동물들 중에서 메탄을 가장 많이 내뿜는다고 할 수 있지요.

② 개미, 스컹크, 토끼, 곰은 어떤 모양과 소리로 방귀를 뀔지 생각해 본다.
(각 동물들을 역할극 활동으로 표현해 보면 더욱 재미있게 진행해 볼 수 있다.)

③ 활동지에 각각 동물들의 엉덩이 옆으로 제시되어 있는 공간에 몸집 크기와 특성에 맞는 방귀소리를 연결하여 이미지화하도록 한다. 이때, 방귀소리도 함께 쓰도록 한다. 혹은 방귀를 색으로 이미지화하여 표현하도록 한다. 방귀 냄새가 독한동물은 진한 색으로 이미지 하거나 냄새가 약한 동물은 옅은 색으로 이미지화하여 동물의 모습에 맞게 색으로 표현한다.
* 다양한 방귀소리 : 뽕, 뽕뽕, 뿌르르
(다양한 방귀소리를 교사가 미리 제시해 주어 아이들이 방귀소리에 대해 더욱 확장해서 만들어 낼 수 있도록 한다.)

④ 자신의 방귀소리도 그림으로 이미지화하고 소리를 써 본다.

☯ 마무리

4. 미술활동 – 종이접기

① 며느리가 나무에서 떨어뜨렸던 것을 종이접기한다.
(제시되는 책마다 나무가 조금씩 다를 수는 있으나 감나무를 기준으로 하여 진행하되 다른 나무열매로 진행하여도 된다. 혹은 사람이 방귀 냄새를 맡고 나무에 쓰러져 있다면 그림으로 표현하여도 좋다.)

② 다양한 감접기가 많으나 유아 수준에 맞는 감접기로 진행한다.

〈며느리 방귀〉 활동지 1

얍! 얍! 할 수 있어요!

며느리는 방귀를 잘 뀌어.

하지만 지혜로워!

엄마는 ______________

하지만 ______________

나는 ______________

하지만 ______________

〈며느리 방귀〉 활동지 2

뿡뿡~ 방귀시합!

토끼와 자라

수업목표

1. 거짓말한 경험과 이유를 논리적으로 말할 수 있다.
2. 면봉 찍기 그림으로 자라 등을 꾸밀 수 있다.

수업영역

1. 이유 말하기
2. 그리기

수업지도

1. 바다, 산, 하늘에 사는 동물 말하기
2. 자라 등 꾸미기

도입

1. OX 퀴즈

(토끼와 자라의 내용을 잘 이해했는지를 묻는 O, X 퀴즈입니다.)

① 동화 내용과 맞는지 다른지에 대해 이야기를 나누어 본다.

② 교사와 함께 문제를 읽으며 O, X를 표시한다.

㉠ 자라는 용왕의 병을 고치기 위해 육지로 왔다. (O)

㉡ 용왕은 사자의 간을 먹고 병에서 나았다. (X)

㉢ 토끼는 자라의 거짓말에 속아 용궁으로 따라 갔다. (O)

㉣ 용왕은 토끼의 간을 먹었다. (X)

㉤ 토끼는 간을 육지에 놓고 와서 간을 가지러 가야 한다고 거짓말을 했다. (O)

전개

2. 뭐하니?

① 바다, 산, 하늘에 살고 있는 동물은 어떤 동물이 있는지 이야기를 나누어 본다.

② 아래 동물들의 사진을 머리띠로 만든다.
동물 : 다람쥐, 토끼, 나비, 사자, 참새, 돼지

③ 바다 속을 배경으로 하여 모두 뛰어노는 장면을 연출을 해 본다.

④ 용왕이 나타나서 바다 속에 살지않는 동물들에게 갈 곳을 이야기해 준다.
"돼지야, 땅위 우리로 가"
왜 땅 위에 가야 하는지 이유를 말하도록 한다.
"왜냐하면 계속 물에 있으면 숨이 막힐지도 몰라."

⑤ 다른 동물들도 바다 속에서 나가야 할 곳을 지정하여 준다.
반드시 아이가 나가야 하는 이유를 말하도록 지도한다.

3. 아하! 그랬군요!

① 토끼와 자라와 거짓말에 대해(거짓말한 내용과 이유) 이야기를 나눈다.
② 활동지의 아이가 왜 시무룩하게 하고 있는지 이야기를 나눈다.
③ 아이들도 자라나 토끼처럼 거짓말을 한 적이 있었는지 생각해 보도록 한다.
④ 거짓말했던 상황을 그림으로 그려 보도록 하고 옆에 이야기를 간단하게 써 보도록 한다.
⑤ 토끼와 자라처럼 자신이 거짓말을 하게 된 이유를 써 보도록 한다.
(* 거짓말한 경험을 밝히고 싶어하지 않는 유아가 있을 수도 있으므로 말하지 않고 혼자 활동지에 그림과 글로 표현하도록 한다.)

4. 미술활동 – 콕! 콕! 콕! (면봉그림)

① 자라의 모습, 특징에 대해 이야기를 나눈다.

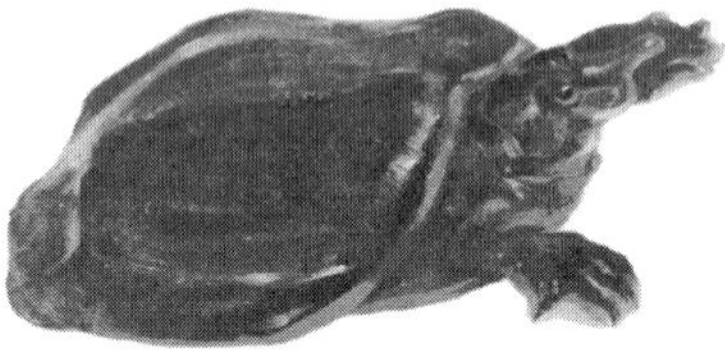

참고자료

전세계에 7속 25종이 있으나 한국에는 1종만 분포한다. 일본자라(T. sinensis japonicus)는 중국자라(T. sinensis sinensis)의 아종으로 분류된다. 한자로 별(鼈)이라 표기하며 단어(團魚)·왕팔(王八)·각어(脚魚)라고도 하였다. 등딱지의 길이는 15~17cm이다. 등딱지와 배딱지는 인대(靭帶) 조직에 의해 붙어 있으며, 배딱지는 약간 굴곡져 있다. 머리와 목을 딱지 속으로 완전히 집어 넣을 수 있다. 주둥이 끝은 가늘게 튀어나왔고, 아래입술과 윗입술은 육질로 되어 있다. 네 다리는 크고 짧으며 발가락 사이에 물갈퀴가 있는데, 알을 낳을 때를 빼고는 거의 물 밖으로 나오지 않는다.

물 속에서는 행동이 민첩하여 물고기나 게·개구리 등의 다른 수서동물을 잡아먹는다. 밑바닥이 개흙으로 되어 있는 하천이나 연못에 살면서 5~7월에 물가의 흙에 구멍을 파고 산란한다. 인도와 미얀마에서는 종교적으로 신성한 동물로 여긴다. 인도산 긴목자라는 등딱지 길이가 80~120cm나 된다.

우리 나라에서는 예로부터 맛이 좋으며 보혈(補血) 효과가 있는 동물로 전하는데, 《규합총서》에 자라 요리에 대한 이야기가 나오고 《난호어목지》와 《전어지》에는 형태 및 생태에 대한 설명과 먹지 말아야 하는 경우가 열거되어 있다. 《동의보감》에는 등딱지와 살의 약성·약효·용법 등이 자세히 적혀 있다. 아시아 동부와 남부, 뉴기니, 아프리카 동부, 북아메리카 등지에 널리 분포한다.

② 자라등을 만지면 어떤 느낌일까에 생각해 보도록 한다.
(작더라도 실제로 자라의 실물을 보여주면 더욱 효과적이다.)

③ 자라의 등을 면봉 찍기로 표현하도록 한다.
㉠ 아이들에게 각각 면봉 2~3개 정도 준다.
㉡ 종이컵이나 종이접시(팔레트를 사용해도 좋다.)에 다양한 색의 물감을 짠다.
㉢ 면봉에 물감을 묻히고 자라등에 찍어 가면서 표현한다.
㉣ 다양한 색으로 표현하되 자라 하면 떠오르는 느낌과 색에 대한 느낌이 일치하는 것을 위주로 다양하게 색을 표현하도록 한다.

④ 마르면 친구들의 작품과 자신의 작품을 소개하고 평가하도록 한다.

〈토끼와 자라〉 활동지 1

아하! 그랬군요!

____

____

____

내가 거짓말을 한 이유는 ______________________

____

____

〈토끼와 자라〉 활동지 2

콕! 콕! 콕!

청개구리

◎ 수업목표

1. 부모님의 소중함을 알고 부모님에 대한 자신의 마음을 원인 · 결과에 맞게 이야기할 수 있다.
2. 종이컵을 이용하여 개구리를 만들어 볼 수 있다.

◎ 수업영역

1. 원인 · 결과 말하기
2. 만들기

◎ 수업지도

1. 잔소리 전화기
2. 개구리 만들기

◎ 도입

1. 꼬불꼬불 미로!

① 〈청개구리〉의 내용을 미로게임을 통해 살펴본다.

② 출발점에서 시작하여 해당 문제를 읽고 답을 쓰며 다음 단계로 넘어간다.
(교사는 괄호를 빼고 문장을 읽어 주며 괄호에 들어갈 단어를 유아와 함께 생각해 본다.)

㉠ 청개구리는 (엄마)와 함께 살았어요.
㉡ 청개구리는 늘 엄마의 말을 (거꾸로) 했지요.
㉢ 속상한 청개구리 엄마는 죽기 전에 (유언)을 남겼어요.
㉣ "얘야, 내가 죽거든 (강가)에 묻어라."
㉤ 청개구리 엄마는 청개구리가 거꾸로 (산)에 묻을 거라고 생각했어요.
㉥ 하지만 청개구리는 엄마의 말대로 (강가)에 묻었지요.
㉦ 그래서 비가 오면 엄마의 (무덤)이 떠내려 갈까봐 개굴개굴 운답니다.

③ 괄호 안을 단어에 대한 그림으로 표현해도 좋다.

전개

2. 잔소리 전화기

① 청개구리 엄마가 청개구리가 걱정되어 이야기했던 것처럼 우리 엄마는 우리에게 어떤 이야기를 자주 하는지 이야기를 해 본다.

② 잔소리가 무엇인지 이야기해 주고, 엄마가 자주 하는 잔소리가 무엇이 있는지 이야기를 나누어 본다.
(엄마는 어떤 잔소리를 많이 하시니? / 왜 잔소리를 하실까?/ 그 때의 기분은 어떠니?)

③ 교사는 예시되어 있는 잔소리 이외에 엄마가 많이 하는 잔소리를 잔소리 전화기에 2개 정도 써 준다.

④ 각 전화번호에 있는 잔소리를 유아와 함께 표현해 본다.

교 사 : 모두모두 전화를 받아요! 5번을 누르면?
아이들 : 깨끗이 씻어라!

⑤ 잔소리 번호 옆에는 잔소리를 들을 때 유아의 감정을 색으로 표현하도록 한다.
(깨끗이 씻어라! –> 빨간색으로 색을 표현)

마무리

3. 개구리 잡아라! (개구리 만들기)

① 활동지 연잎 그림에 청개구리를 이미지화하여 그려 보도록 한다.
(개구쟁이 청개구리의 모습이 잘 표현되도록 그린다.)

② 활동지 점선 아래에 개구리 다리와 얼굴을 이용하여 청개구리를 만들어 본다.

* 개구리 만들기

① 종이컵을 아래와 같이 잘라 낸다.

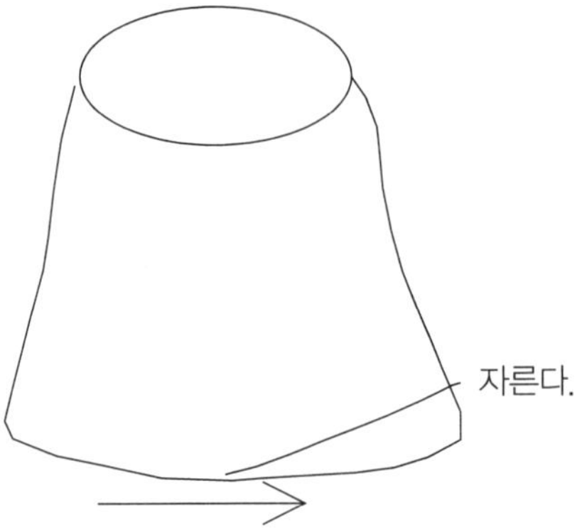

② 밑그림을 활동지에서 자른다(다리 2개, 얼굴).

③ 개구리의 머리 부분을 만든다.
(오린 머리 부분을 자르고 반으로 접어 안에는 입 안을 밖에는 눈을 그린다.

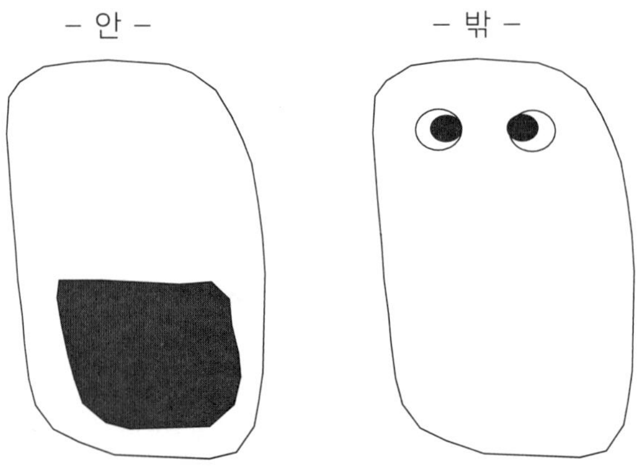

④ 머리 부분을 종이컵 윗부분에 반으로 접어 붙인다.
⑤ 개구리가 완성되면 교사가 말하는 단어를 거꾸로 말하는 청개구리 놀이를 한다.

교사 : 사탕사탕
개구리를 손에 든 아이들 : 탕사탕사
교사 : 어서 자야지
아이들 : 어서 놀자!

⑥ 친구들과 짝꿍을 지어 놀이한다.

〈청구개리〉 활동지 1

꼬불꼬불 이야기 미로

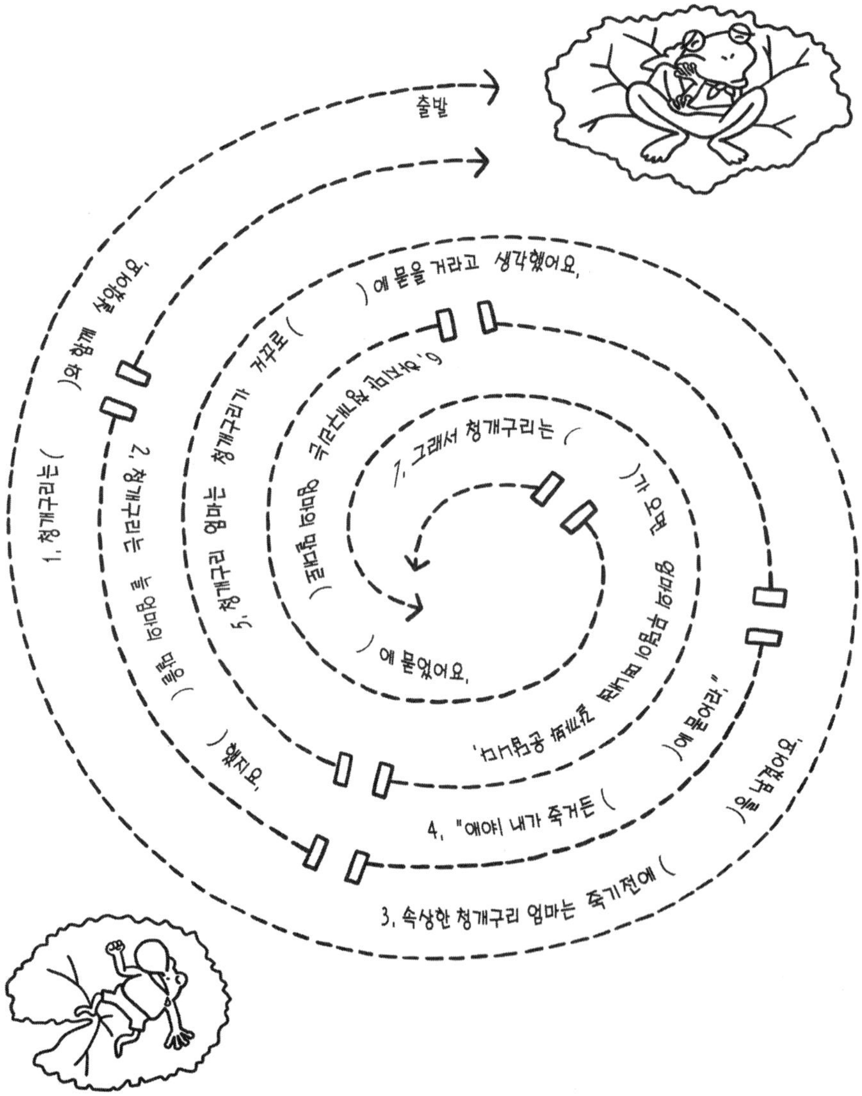

〈청구개리〉 활동지 2

따르릉~ 잔소리 전화기!

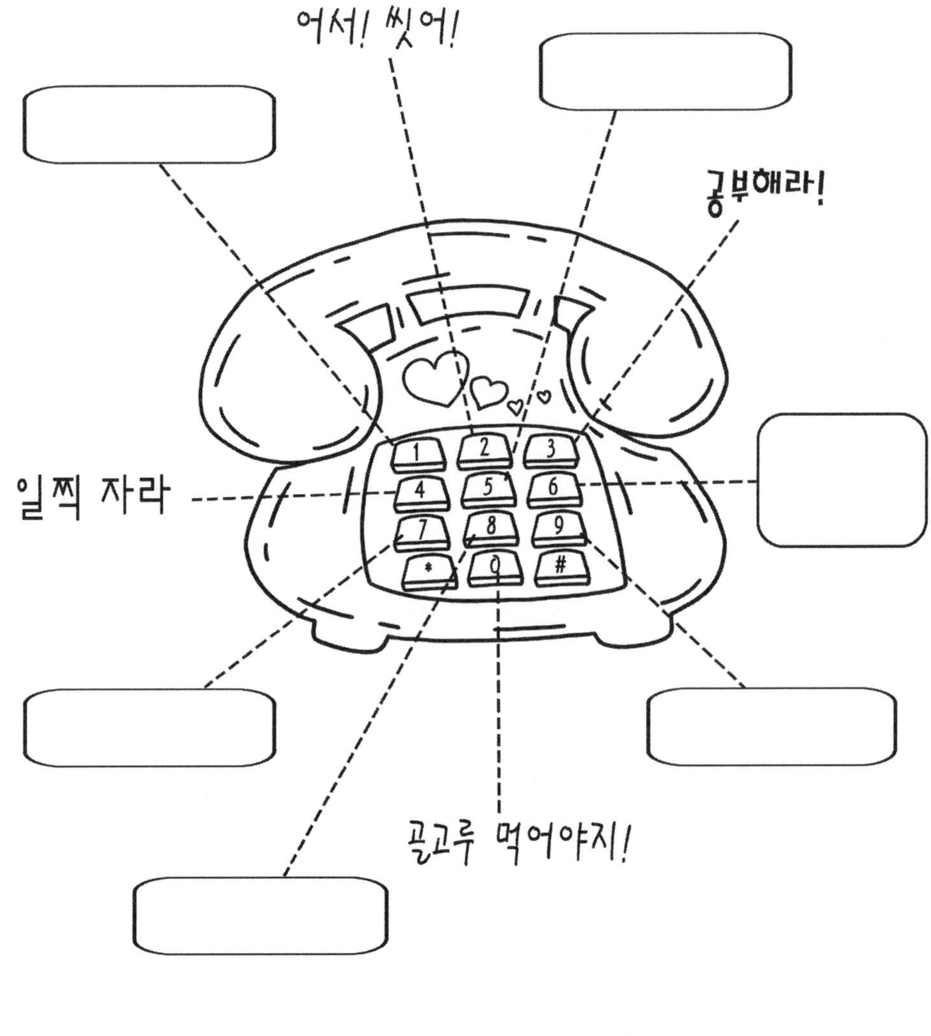

용궁구슬

수업목표

1. 자신의 생각을 논리적으로 말할 수 있다.
2. 다양한 재료를 사용하여 잉어의 비늘을 꾸밀 수 있다.

수업영역

1. 신체표현
2. 꾸미기

수업지도

1. 잉어모습 꾸미기
2. 소원 그리기

도입

1. 푸른 구슬은 어디로 갔을까?

① 이야기 속에 처음 용궁구슬이 나타난 곳(황금 잉어의 입 안)이 어디였는지 이야기를 나눈다.
② 용궁구슬이 처음 발견 이후로 용궁구슬의 이동경로를 말해 본다.
(유아가 전체 이야기를 다시 되짚으면서 생각해 보도록 한다.)

〈황금구슬 이동 경로〉
황금잉어 입 안 → 할아버지 · 할머니 → 욕심쟁이 할머니→ 고양이 입→ 물고기 배 안 → 할아버지

③ 용궁구슬의 이동경로를 정확히 말하는 유아에게 스티커를 붙여 준다.
매순서마다 퀴즈형식으로 진행한다.
④ 활동지 1 해당 그림 적당한 위치에 푸른 구슬을 크레파스 혹은 사인펜을 이용하여 그리도록 한다.

전개

2. 음률연계 : 너희들은 왜 싸우니?

① 강아지와 고양이 노래를 부른다.

♬강아지 멍멍
고양이 야옹
사이좋게 놀다가도
멍멍멍 야옹~ 멍멍멍 야옹~ 잘도 싸운다~
멍멍멍 야옹~ 멍멍멍 야옹~ 그냥 두거라~ ♬

② 강아지와 고양이 그림이나 사진을 준비한다.
③ 동화 속에서 강아지와 고양이가 싸우는 이유를 말하고 상황극을 만들어 표현하여 본다.
(상황을 만들어 주고 강아지와 고양이의 마음을 표현할 수 있도록 한다.)

강아지 : 니가 용궁구슬을 떨어뜨렸잖아!
고양이 : 니가 말을 시켰잖아.

④ 상황극으로 고양이와 강아지가 서로 싸우는 이유를 이해하고, 활동지 밑줄에는 고양이와 강아지의 소리를 <u>다양한 색과 글자 크기</u>로 표현하도록 한다.

고양이 : 야옹 **야옹** **야옹** 야옹

강아지 : **멍** 멍 **멍** 멍

3. 구슬을 문지르며 소원을 빌어 봐요.
▶ If~then기법 사용
만약 나에게도 이야기 속 주인공처럼 용궁구슬이 생기면 어떻게 하고 싶은지
이야기해 본다.

* 이야기하기 전에 구슬 하나를 준비하여 유아가 문질러 가면서 표현할 수 있도록 한다. 이야기할 때에는 논리적으로 또박또박 이야기할 수 있도록 지도한다.
→ 만약 나에게 용궁구슬이 생긴다면 멋진 집을 달라고 할 거예요.
그래서 아빠, 엄마와 행복하게 살 거예요.

4. 잉어 비늘 꾸미기

(미술활동 – 번쩍번쩍 황금잉어를 꾸며 보아요.)

* 황금잉어 꾸미기

재료 : 색지, 신문지, 금색지, 은색지, 잡지, 풀, 가위

① 여러 사진을 통해서 잉어의 비늘이 어떤 형태를 가지고 있는지 관찰한다.
(비늘이 잘 표현되어 있는 사진자료를 제시하여 주고, 상황이 가능하다면 실제 생선의 비늘을 만져 보고, 색과 형태를 관찰하도록 한다.)

② 활동지 4에서 할아버지가 들어올리고 있는 역동적인 그림으로 살펴보고 유아가 잡힌 황금잉어가 되어 신체표현해 보도록 한다.
이때, 2명의 유아가 짝을 지어 한 명은 할아버지, 한 명은 황금잉어가 되어 본다. (낚싯대 준비)

할아버지 : (낚싯대를 던지고 잠시 후) 커다란 물고기를 잡았다.

잉어 : (낚싯줄을 잡으며 퍼덕인다.) 살려 주세요.

③ 잉어의 비늘을 생각하며 준비된 여러 가지의 종이를 비늘모양으로 자른다.

비늘 모양

④ 비어 있는 잉어 몸에 여러 종류의 비늘을 붙인다.

⑤ 촘촘하게 잘 표현할 수 있도록 지도한다.

⑥ 완성이 되면 모두 전시하고 “최고 번쩍 황금잉어”를 뽑는다.
(전체적으로 모두 종이를 붙이려면 시간이 많이 소요되므로 크레파스 혹은 사인펜을 이용하여 황금잉어를 표현하도록 한다.)

〈용궁구슬〉 활동지 1

구슬을 문지르며 소원을 빌어 봐요.

〈용궁구슬〉 활동지 2

번쩍번쩍! 눈부신 황금잉어를 꾸며 보아요.

임금님 귀는 당나귀 귀

수업 목표

1. 동화 내용을 토대로 주어진 상황에 대해 상상할 수 있다.
2. 여러 가지 귀의 모양과 역할을 이해할 수 있다.
3. 자신감을 가지고 발표할 수 있다.

수업 영역

1. 사건영역
2. 미술영역

수업 방법

1. 여러 가지 방법을 생각해 보기
2. 색칠하기와 만들기

수업 준비물

색연필, 가위, 풀(또는 셀로판테이프), 동물 또는 사람의 귀 모양 사진

도입

- 여러 가지 귀의 모양에 대해 생각해 보고 어떻게 다른지 사진을 보며 서로 이야기해 본다.

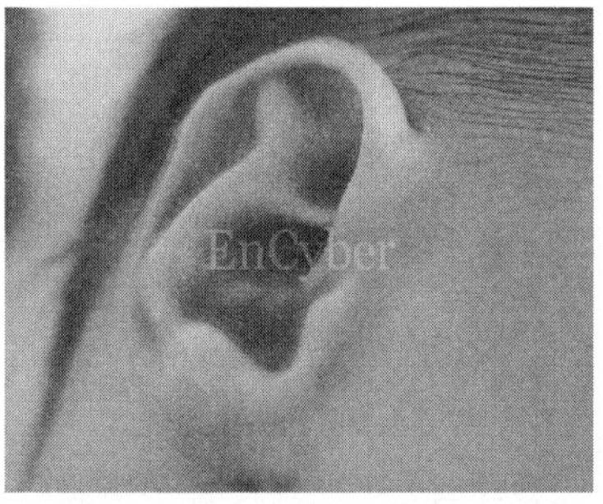

참고사진: 네이버 검색자료 (검색어- 귀, 토끼, 코알라, 진도개, 당나귀)

- 이외에도 다양한 귀 모양에 대해 살펴보고 이야기한다.
- 동화 이야기의 간략한 내용을 인지할 수 있도록 간단하게 이야기하는 시간을 갖는다.

☯ 전개

1. 어떤 소리가 날까요?
- 활동지 1을 정리하면서 전체 이야기를 정리해 보는 시간을 갖는다.
- 활동지 1 내용
  대나무 숲에서 바람이 불어왔어요. 어떤 소리가 날까요? 소리를 색깔이나 단어로 표현해 보세요.
- 소리가 나오는 모양에 동화에 나온 단어로 표현해 보세요.
  예) 이발사, 임금님, 귀, 당나귀
  (단어카드를 제시하거나 칠판에 써 주시고 아이들이 소리가 나오는 줄에 단어를 쓸 수 있도록 지도해 주세요.)

- 이 과정을 통해 아동들에게 동화 내용을 인지시킬 수 있다. 또 대나무 숲에서 들려올 여러 가지 소리를 상상하여 쓰거나 이야기의 줄거리를 생각하며 단어를 적으면서 동화 속 인물들과 사건에 대해 생각하는 기회를 제공한다.

2. 참을 수 없는 비밀
- 이발사처럼 마음 속에 담아 두었던 나만의 비밀을 이야기해 보는 활동이다.
- 구덩이에 대고 나의 비밀을 말해 본다.
- 예〉 OOO야, 고자질한 거 나야.
  :친구야, 사실은 선생님한테 고자질한 거 나야. 정말 미안해.
- 엄마 거짓말 했어요.
  :엄마, 사실은 엄마가 숙제 다 했냐고 물으셨는데 TV를 보느라고 못했어요. 혼날까봐 다 했다고 거짓말했어요.
- 비밀을 간직하고 있을 때와 말하고 난 후의 느낌은 어떻게 다른지 서로 이야기해 본다.

3. 바로 이 방법이야!!
- 임금님이 자기의 비밀을 알고 있는 이발사(두건장이)가 비밀을 발설할 수 없게 하는 여러 가지 방법에 대해 아이디어를 생각해 봅니다.
- 여러 가지 경우를 생각하여 다양한 의견이 나올 수 있도록 하고, 아이들을 먼저 이야기하게 한 후에 선생님이 몇 가지 예시를 주어 정리하세요.

예 1) 비밀을 잘 지키는지 감시하는 사람을 붙인다.
예 2) 각서(약속을 하는 종이)를 쓰게 한다.
예 3) 감시카메라를 설치하여 행동을 감시한다.
예 4) 가족이나 친한 친구를 인질로 잡는다. 등등

☯ 마무리

4. 큰 목소리로 말해요.
- 활동지 2 : 확성기 역할을 할 수 있는 종이나팔을 만들어 발표활동으로 활용한다.
- 활동 예시 : 큰 소리로 말하기
- 동화 읽고 감상 이야기하기
- 마이크를 대고 말하면 소리가 커져서 발표에 자신감을 가질 수 있다.
- 활동 예시 : 귀에 대고 말하기 - 정확히 이야기하기
  친구의 귀에 대고 친구의 장점, 친구에 대한 나의 마음 등을 이야기하도록 한다.
- 임금님은 부끄러움을 감추지 않고 솔직하게 드러내는 용기를 가지자 더 훌륭한 임금님이 되었어요.
- 위의 활동을 통해 자신의 단점이나 부끄러운 점도 오히려 드러낼 때 장점이 될 수도 있으니 솔직하게 드러내는 자신감을 가지는 것이 좋다는 점을 지도해 주세요.

〈임금님 귀는 당나귀 귀〉 활동지 1

바로 이 방법이야!

〈임금님 귀는 당나귀 귀〉 활동지 2

큰 소리로 말해요

파란부채 빨간부채

◎ 활동목표

1. 동화의 후편을 상상하여 그릴 수 있다.
2. 파란부채와 빨간부채를 창의적으로 만들어 볼 수 있다.

◎ 수업영역

1. 만들기
2. 그리기

◎ 수업지도

1. 후편 그림그리기
2. 부채 만들기

◎ 도입

1. 알록달록 여러 가지 색을 찾아보아요.

* 음률(우리 모두 다 같이 노래 개사)

① 노래를 부르며 색깔 찾기 노래를 한다.

우리 모두 다 같이 빨간색을 찾아보자
우리 모두 다 같이 빨간색을~

② 노래의 끝 신호와 함께 유아는 교실의 물건, 자신의 물건, 옷 등에서 빨간색을 찾는다.
③ 많이 찾은 유아는 칭찬하여 준다.
④ 파란색 찾기도 같은 방법으로 진행한다.
⑤ 활동지에 유아가 찾은 색과 물건을 그리도록 한다.
⑥ 확장으로 교실과 유아, 교사가 가지고 있는 것들 중 가장 많은 색을 찾는다.

☯ 전개

2. 바람 때문에!

① 바람이 불면 어떤 일이 벌어지는가 이야기를 나누어 본다.

② 활동지의 여러 가지 그림을 보며 어떤 상황인지 이야기를 나누어 본다.
빨간부채 바람 / 파란부채 바람 / 비바람 / 태풍 / 방귀

③ 바람이 부는 모습에 따라 벌어지는 상황을 신체표현해 본다.
빨간부채 바람이 불고 있어요! – 코가 길어지는 신체표현
비바람이 불고 있어요! 어떻게 될까요?

④ 벌어진 상황을 상상하여 본다.

⑤ 활동지 밑줄에 A4용지를 가로로 3등분하여 붙여 준다.
(활동지에 바람 때문에 벌어진 상황을 그림으로 그린다.)

⑥ 유아가 다양한 생각을 할 수 있도록 지도한다.

3. 부채 주인의 코가 계속 하늘로 올라갔다면 어떻게 되었을까요?

① 하늘은 어떤 곳이며, 누가 살고 있을까 생각해 본다.
(유아와 함께 한 바퀴를 제자리에서 돌면서 “하늘로 떠나요.”라고 외친다. 하늘 위로 올라가면 가장 보고 싶은 것 한 가지를 이야기해 본다.)

② 길어진 코 때문에 하늘로 올라간 김서방은 어떻게 되었을지 이야기를 나누어 본다.

③ 유아가 독창적인 생각을 가지고 후편을 상상할 수 있도록 지도한다.

④ 후편 이야기를 발표하는 시간을 갖는다.

4. 파란부채 빨간부채 만들기

① 유아가 알고 있는 부채의 모양과 종류, 용도 등을 이야기해 보도록 한다.

② 부모님 혹은 자신이 가지고 있는 부채에 대해 소개한다.

③ 신기한 빨간부채와 파란부채를 만들어 본다.

㉠ 마분지에 유아가 만들고 싶은 모양의 부채를 그린다.

㉡ 똑같은 모양을 4장을 오린다.

㉢ 중심 부분은 오려 낸다.

㉣ 여러 가지 도구(색연필, 사인펜, 크레파스, 스팽글, 뽕뽕이 등등)로 꾸미도록 한다.

㉤ 4장을 같은 방법으로 꾸민다.

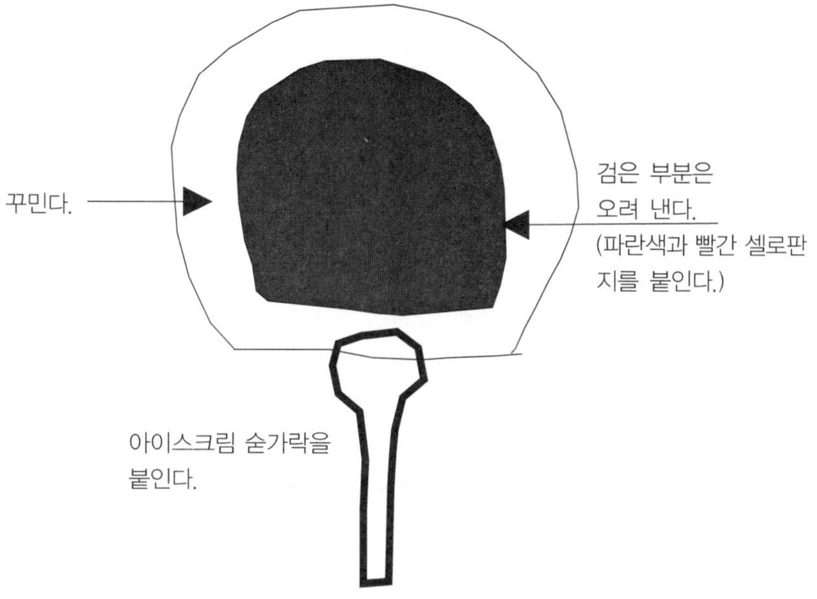

ⓑ 오려낸 부분에는 파란 셀로판지를 붙이고, 다른 부채모양 한 장을 위에 덧붙인다.

ⓢ 다른 2장도 같은 방법으로 빨간 셀로판지를 붙인다.

ⓞ 아이스크림 숟가락을 양쪽 아래 부분에 손잡이로 붙인다.

ⓙ 빨간부채와 파란부채를 완성한다.

ⓒ 빨간부채를 부칠 때와 파란부채를 부칠 때의 느낌에 대해 이야기를 나눈다.

– 여러 장소를 돌아다니면서 길어졌으면 하는 것과 짧아졌으면 하는 것을 찾아 부채질을 해 보도록 한다.

〈파란부채 빨간부채〉 활동지 1

모여라! 모여라! 여기 모여라!

1. 모여라! 모여라! 빨간색~

" 새! 모두 모두 모이세요."

2. 와! 파란색이다! 무얼까?

" 새! 모두 모두 모이세요."

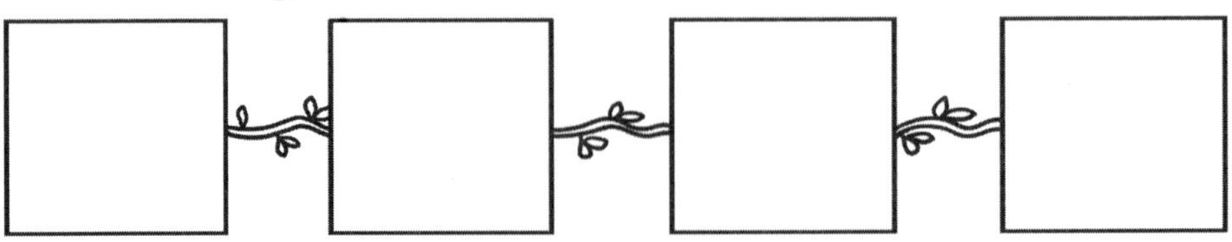

〈파란부채 빨간부채〉 활동지 2

바람 때문에!

1. 빨간부채 바람 때문에 ______________________________

____.

2. 파란부채 바람 때문에 ______________________________

____.

3. 태풍 때문에 ______________________________

____.

4. 비바람 때문에 ______________________________

____.

5. 방귀 때문에 ______________________________

____.

신기한 샘물

수업목표

1. 욕심을 부린 경험을 원인과 결과에 맞게 이야기할 수 있다.
2. 신기한 샘물을 입체적으로 표현할 수 있다.

수업영역

1. 원인 · 결과 말하기
2. 만들기(꾸미기)

수업지도

1. 명언지도 – 과유불급 / 맛을 찾아라!
2. 신기한 샘물 꾸미기

도입

1. 얼마큼 마셨을까?

: 착한 할아버지와 욕심쟁이 할아버지는 똑같이 신기한 샘물을 마시고도 다른 모습을 하고 있다. 이것은 정도의 차이다. 착한 할아버지는 적당한 양의 샘물을 마셨고, 욕심쟁이 할아버지는 욕심이 많아 무조건 많은 양을 마시려고 했다. 아이들에게 이 정도의 차이를 가름할 수 있는 만큼의 양을 체크해 보도록 하는 활동이다.

① 왜 착한 할아버지는 젊은이로, 욕심쟁이 할아버지는 아기로 변했는지 이야기해 본다.
② 활동지에 제시되어 있는 착한 할아버지와 욕심쟁이 할아버지가 변한 모습을 그림으로 그린다.
③ 착한 할아버지와 욕심쟁이 할아버지가 마신 샘물의 양을 생각하여 바가지 개수를 색칠한다. (왜 그렇게 생각하는지도 다시 묻고 정리하도록 한다.)

전개

2. 철철 넘쳐요!

① 욕심쟁이 할아버지가 아기로 변한 것처럼 아무리 좋은 것이라도 욕심을 많이 부리면 안 된다는

교훈을 아이들과 함께 생각해 보도록 한다.
② 교훈에 맞는 "과유불급"이라는 사자성어를 소개한다.
(사자성어를 함께 말해 보고 뜻도 소개하여 준다.)

과유불급 : 지나친 것은 미치지 못하는 것과 같다.
(욕심쟁이 할아버지가 샘물을 지나치게 많이 먹은 것은 차라리 먹지 않는 편이 나았다.)

③ 자신의 경험으로 욕심을 지나치게 부리다고 혼이 난 경험을 이야기해 보도록 한다.

예) 아이스크림이 맛있어서 동생 것까지 빼앗아서 많이 먹었더니 배탈이 나서 병원에 가서 주사를 맞았다.

– 친구의 경험을 모두 들은 아이들은 "과유불급"이라고 크게 외치도록 한다.

④ 활동지에 그림으로 표현하고 사자성어와 속담을 잘 이해하도록 한다.

3. 먹고 먹으면?
① 신기한 샘물은 어떤 맛일까 상상해 보고 다양한 맛을 표현하도록 한다.
(단맛, 신맛, 짠맛, 매운맛)
② 다양한 맛의 표현을 활동지를 통해 소개한다. (활동지에 제시)
③ 교사는 활동지에 제시되어 있는 한약과 된장국을 준비한다.
(한약은 약국에서 쌍화탕 정도로 준비한다.)
④ 맛을 보고 어떤 맛인지 표현하여 본다.
⑤ 한약과 된장국의 맛 표현을 다양하게 소개하여 준다. (보기 참고)
⑥ 한약과 된장국을 먹었을 때의 다양한 표현을 소개하여 주고 칠판에 써 준다.
⑦ 아이들이 같은 표현을 활동지에서 찾아 그릇 주변에 쓰거나 동그라미를 하도록 한다.
⑧ 그릇 위에는 한약과 된장국을 먹었을 경우의 느낌을 표정으로 그리도록 한다.
예) 한약을 먹었을 경우 찡그리는 표정 등
⑨ 다양한 맛에 대한 표현을 익혀 보도록 한다.

– 한약과 된장국 이외에 설탕물, 소금물 등을 더 제시하여 주고 다양한 맛표현을 익히게 하거나, 눈을 감고 그릇에 담긴 물의 맛을 본 후 맛을 표현하도록 하는 활동으로 확장하여 언어표현을

다양하게 자극하여 주어도 좋다.

〈보기　맛의 표현〉
얼큰하다 / 달다 / 달콤하다 / 구수하다 / 시다 / 시원하다 / 짜다 / 매콤하다
달달하다 / 씁쓸하다 / 고소하다 / 맵다 / 짭조름하다

참고자료

맛 표현

〈달다〉
· 달콤하다 : 감칠맛이 돌 정도로 알맞게 달콤하다, 달곰하다, 달금하다.
· 들큼하다 : 조금 단맛이 있다.
· 달짝지근하다 : 조금 단맛이 있다.
· 감미롭다 : 단맛이 있다.
· 달보드레하다 : 연하고 달큼하다, 들부드레하다.

〈맵다〉
· 매콤하다 : 냄새나 맛이 가볍게 맵다.
· 칼칼하다 : 맵게 자극하는 맛이 있다.
· 얼큰하다 : 입 안이 얼얼한 맛이 있다. 알큰하다, 알근하다, 얼근하다.
· 알알하다 : 맛이 맵거나 독하여 혀끝이 아리다. (얼얼하다.)

〈짜다〉
· 간간하다 : 먹기 적당한 정도로 간이 짭짤하다.
· 건건하다 : 감칠맛이 없이 조금 짜다.
· 짭짤하다 : 감칠맛 있게 조금 짜다. 짭짜래하다, 짭짜름하다, 짭조름하다.
· 찝찔하다 : 감칠맛이 없이 조금 짜다.
· 짐짐하다 : 아무 맛이 없이 찝찔하기만하다.

〈시다〉
· 새콤하다 : 조금 시다, 시금하다, 시큼하다, 새큼하다, 새곰하다.

〈쓰다〉

· 씁쌀하다 : 조금 쓴맛이 있다. 씁싸래하다.

· 씁쓸하다 : 제법 쓰다, 씁쓰레하다.

〈떫다〉

· 떨떠름하다 : 몹시 떫다.

· 떠름하다 : 맛이 약간 떫다.

〈싱겁다〉

· 밍밍하다 : 음식 맛이 몹시 싱겁다. 맹맹하다.

· 심심하다 : 맛이 조금 싱겁다.

· 삼삼하다 : 간이 싱거운듯하면서도 맛있다.

· 비리다 : 배리다.

· 비릿하다 : 조금 비린 맛이 있다. 배릿하다.

· 노리다 : 털이 타는 냄새와 노래기 냄새와 같다.

· 누리다 : 누린내가 나다.

· 노릿하다 : 조금 노린 맛이 있다.

· 누릿하다 : 조금 누린 맛이 있다.

· 고리다 : 고약한 발고랑내나 삭은 젓갈 냄새가 나다.

· 고릿하다 : 조금 고린 맛이 있다.

· 고소하다 : 구수하다.

· 담백하다 : 맛이 산뜻하다. 담박하다.

· 시원하다 : 국물 맛이 산뜻하다.

· 개운하다 : 입맛이 산뜻하다.

· 상큼하다 : 맛이 향기롭고 시원하다.

· 느끼하다 : 기름기가 많아 맛이 개운하지 않고 비위에 거슬리다.

· 닝닝하다 : 조미료 맛이 강해 느끼하고 비위에 거슬린다.

· 타분하다 : 입맛이 개운하지 못하거나 음식 맛이 신선하지 않다.

· 탑탑하다 : 입맛이 개운하지 않다. 텁텁하다, 텁지근하다, 텁터름하다.

· 모름하다 : 생선이 신선하지 않아 맛이 개운치 않다.

☯ 마무리

4. 여기 있었네!

① 아이들과 함께 주변에서 신기한 샘물을 찾아보도록 한다.
"신기한 샘물은 어디에 있을까?"

② 내가 직접 신기한 샘물을 찾는다면 어떤 신기한 샘물이었으면 좋겠는지 이야기해 본다.
예) 마시면 마실수록 키가 커지는 샘물 / 마시면 마실수록 예뻐지는 샘물

〈신기한 샘물〉 활동지 1

철철~ 넘쳐요!

과유불급(過猶不及)

이런 뜻이래요.

→

나도~~
욕심을 많이 부린 적이 있어요.
그랬더니

〈신기한 샘물〉 활동지 2

먹고 먹으면?

얼큰하다 시다 달달하다

달다 시원하다 씁쓸하다

달콤하다 짜다 고소하다

구수하다 매콤하다 맵다 짭조름하다

한약 맛은?

된장국 맛은?

4. 창작동화로 접목한 활동자료

선인장 삼남매

글 : 성현주

햇볕이 쨍쨍 내리쬐는 사막에 선인장 삼남매가 살았어요.
첫째 기둥선인장은 늘 자랑하는 것을 좋아했어요.
“하하하! 나보다 키가 큰 선인장은 아마 없을 걸.”
둘째 부채선인장도 잘난 척하며 으스댔어요.
“호호호, 동글납작한 내 모양은 참 귀엽지?”
하지만 막내 쥐꼬리선인장은 가만히 있었어요.
“어유, 오글오글 붙어있는 막내 좀 봐.”
“글쎄 말이야. 우리 삼남매 중에 제일 못생겼다니까.”
그러던 어느 날이었어요.
기둥선인장이 우쭐거리며 큰소리쳤어요.
“난 키가 제일 큰 잎을 만들 거야.”
부채선인장도 여전히 잘난 척을 했지요.
“나는 제일 넓적한 잎을 만들 거야.”
쥐꼬리선인장은 고개를 푹 숙이고 말았어요.
쥐꼬리선인장에게는 가시를 닮은 잎만 뾰족뾰족 돋아났거든요.
하루, 이틀……. 여러 날이 지났어요.
그런데 이게 웬일일까요?
기둥선인장이 휘청휘청 거리더니 픽 쓰러졌어요.
부채선인장은 아예 축 늘어졌지 뭐예요.
쥐꼬리선인장은 깜짝 놀랐어요.
“형~ 정신 차려.”

"누나~ 힘을 내. 어떡해……."
쥐꼬리선인장은 너무 놀라 온몸이 오그라드는 것 같았어요.
그때였어요.
갑자기 하늘이 어두컴컴해지더니 소나기가 좍좍 내렸어요.
기둥선인장과 부채선인장은 빗물을 받아먹고 겨우 정신을 차렸지요.
때마침 지나가던 사막여우가 선인장 삼남매를 보고 혀를 찼어요.
"쯧쯧, 너희들은 지나치게 욕심을 부려서 그렇게 된 거야."
삼남매는 무슨 뜻인지 몰라 어리둥절했지요.
"선인장은 잎이 크면 살아갈 수가 없어."
"왜요?"
"이 더운 사막에서 잎이 넓으면 햇볕을 많이 받아서 말라 버리잖아."
여우는 뾰족뾰족 가시 잎을 피운 쥐꼬리선인장을 칭찬했어요.
"욕심을 부리지 않은 막내만 괜찮았던 거야."
그제야 기둥선인장과 부채선인장은 고개를 끄덕였어요.
"우리가 너무 잘난 척을 했어."
"볼품없는 가시잎이라고 놀렸는데……."
"아니야, 누가 뭐래도 형과 누나는 멋있는 선인장이야."
"막내야!"
"형~ 누나!"
그 순간, 삼남매 몸에서 아름다운 선인장 꽃이 쏘옥쏘옥 피어났답니다.

<선인장 삼남매> 수업지도안

동　　화 : 선인장 삼남매
학습목표 : 자신의 위치(상황을)를 알고, 욕심을 부리지 않는다.
수업영역 : 토론 / 신체표현
수업지도 : 뚱뚱해졌어요. / 내가 좋아하는 선인장

생각 꺼내기

1. 수수께끼 - 누구일가요?
저는 더운 지역에서도 잘 살아요. 저는 부채모양을 하고 있기도 하고, 기둥모양을 하고 있기도 해요. 저는 따가운 가시를 가지고 있어요. 저는 물을 조금만 먹어도 살 수 있지요. 제가 있으면 전자파도 줄일 수 있답니다. 저는 누구일까요?
(☞ 선인장)

생각 풀기

1. 동화 들려주기
2. 동화 피드백
선인장 삼남매는 어떤 모양으로 자랐나요?
기둥선인장과 부채선인장은 왜 쓰러졌나요?
선인장이 더운 사막에서 살려면 어떤 모습을 하고 있어야 하나요?
3. 기둥선인장, 부채선인장처럼
T: 기둥선인장과 부채선인장처럼 욕심을 부린 적이 있니? 욕심을 부리면 어떻게 될까요?
C: 몸이 뚱뚱해져요. 배가 많이 나와요.
T: 우리가 생활할 때 몸이 많이 뚱뚱해지면 어떻게 될까요?
C: 잘 걷지도 못해요. 맞는 의자도 없어요. 맞는 옷도 없어요.
T: 그럼, 우리는 어떻게 해야 할까요?
C: 욕심을 부리지 않아요. 너무 많이 먹지 않아요.
4. 가시이야기
* 선인장 가시 관찰하기 (과학) - 활동지 1 연계
교사는 선인장의 실물을 보여주고, 유아가 가시를 직접 만져 보도록 하게 한다.
가시의 모양이 어떻게 생겼니? / 만져 본 느낌이 어떠니? / 가시의 색깔이 어떠니?

* If ~ then 기법

우리 몸에 가시가 생긴다면 어떤 일이 생길까요?

따가워서 서로 안아 주지 못해요. / 모기가 와서 물지도 못해요. /

* 선인장 가시 되어 보기 (신체표현)

선인장 가시를 몸으로 표현하여 본다.

☺ **선인장은 왜 가시를 가지고 있는 것일까?**

선인장은 동물이나 식물이 새로운 장소나 기후에 적응해야만 할 때, 어떻게 해서 살아남는가에 대한 답을 주는 가장 좋은 예이다.
선인장은 사막에서만 자라는 식물로, 뜨겁고 건조한 지역에서 오랜 기간 물 없이 살 수 있다.
선인장은 사막이 점점 더 메말라 가면 뿌리가 점점 더 멀리 퍼지면서 지표에도 가까워진다. 이때 그 곳에 비가 조금이라도 내리면 지표 가까이 뻗은 선인장의 뿌리는 재빠르게 수분을 흡수한다. 이렇게 모아진 귀한 물은 줄기에 저장되는데 그 줄기는 속이 비어 있거나 스폰지와 비슷한 구조를 가지고 있다. 그리고 선인장의 몸 속에 있는 물의 증발을 막기 위해 선인장의 외피층인 껍질은 두껍고 왁스(기름의 일종) 같은 것이 칠해져 있다. 다른 식물들이 물을 증발시키기 위해 잎을 가지고 있다면 선인장은 물의 증발을 막기 위해 가시를 가지고 있는 것이다. 가시들은 또 다른 중요한 역할도 한다.
갈증난 동물들이 물을 찾아 헤맬 때, 선인장에 물이 있는 것을 안다 할지라도, 어떤 동물들이 가시를 가진 선인장을 감히 물어뜯을 수 있을까?

물을 저장할 수 있는 특별한 구조를 제외하고 선인장도 다른 꽃들과 다름없이 정규적으로 꽃을 피우고 식물로써 열매도 맺는다. 윤기 나는 선인장에서 톡 튀어나온 듯한 노란색, 빨간색, 보라색 꽃의 선인장 꽃은 아주 예쁘다. 선인장은 서반구에서만 볼 수 있는 식물이다.

생각 갈기

1. 활동지 1- 생각났어요! (포스트잇 놀이)

① 선인장의 모습을 관찰한다.

② 선인장을 관찰하면서 생각나는 문구를 포스트잇에 적는다.

☞ 초록색, 가시, 텔레비전(전자파를 없애 주니까), 물, 피(찔리면 피가 나니까) 등

③ 포스트잇 한 장당 한 가지씩만을 적게 한다.

④ 활동지를 완성한 유아는 친구들 앞에서 소개한다.

⑤ 교사는 유아가 생각해 낸 이야기를 듣고, 평가해 준다.

2. 활동지 2 - 선인장이 피어났어요!

① 활동지에 그려있는 화분 위에 유아가 키우고 싶은 선인장을 그리도록 한다.

(가시를 뾰족하게만 그리는 것이 아니라 유아가 창의적으로 그릴 수 있도록 한다.)

② 유아는 활동지를 완성한 후 자신의 선인장을 소개한다.

③ 교사는 유아의 활동지를 평가하여 준다.

〈선인장 남남매〉 활동지 1

생각났어요!

〈선인장 삼남매〉 활동지 2

선인장이 피어났어요!

함박눈이 오던 날

글 : 성현주

하얀 눈이 조용조용 쉬지도 않고 내렸어요.
"무얼 하지?"
심심해진 상희는 그림을 그렸어요.
옆에서 다림질하던 엄마가 그림을 보았어요.
"어머나 산을 그렸네?"
엄마도 그림놀이가 재미있나 봐요.

상희는 작은 집 하나를 더 그렸어요.
"할머니가 사시는 시골동네 같구나."
신이 난 상희는 나무와 산도 그렸지요.
"겨울이라 나무가 빼빼 말랐구나."
'이번엔 무얼 또 그릴까?'

곰곰히 생각하던 상희는 손뼉을 탁 쳤어요.
"맞다! 히히히"
글쎄 하얀색 크레파스로 막 덧칠을 하지 뭐예요.
"어머머? 상희야, 왜 그러니?"
엄마는 깜짝 놀라며 상희를 쳐다보았어요.
상희는 신나게 칠하며 웃었지요.
"엄마, 눈이 내려서 모두 하얗게 되었잖아요."
그제야 엄마도 활짝 웃었어요.
"아! 그림 위에도 눈이 내렸구나."
어느 새 도화지는 새하얗게 되었답니다.

<함박눈이 오던 날> 수업지도안

동　　화 : 함박눈이 오던 날
학습목표 : 눈 모양을 관찰하고, 눈 오는 날의 풍경을 이미지화한다.
수업영역 : 미술놀이 / 게임
수업지도 : 양초로 그려요 / 동물들은 무엇을 할까요?

생각 꺼내기

1. 이야기 나누기

T: 눈을 보면 기분이 어떤가요?

C: 마음이 하얘지는 것 같아요. 놀고 싶어요. 예쁜 눈을 만지고 싶어져요.

2. 노래 부르기 - 하얀나라 (악보별첨)

나는 눈이 좋아서 / 꿈에 눈이 오나봐. /
온 세상이 모두 하얀 나라였지 / 어젯밤 꿈 속에 /
썰매를 탔죠. 눈싸움했죠. / 커다란 눈사람도 만들었죠. /
나는 눈이 좋아서 / 꿈에 눈이 오나봐. /
온 세상이 모두 하얀 나라였지. / 어젯밤 꿈 속에 /

생각 풀기

1. 동화 들려주기
2. 이야기 나누기

T: 함박눈이 오던 날 상희는 무엇을 했나요?

C: 집에서 그림을 그렸어요.

T: 그러면 우리는 눈이 오는 어떤 놀이를 하나요? 눈을 사용해서 할 수 있는 놀이는 무엇이 있을까요?

C: 눈사람 만들기요. 썰매타기요. 눈싸움하기요. 스키 타기요.

3. 어떻게 생겼을까?

① 눈은 어떤 모양일까?
② 눈의 결정체 그림을 보여 준다.
③ 동그랗게 오린 종이를 주고 그 안에 결정체의 모양을 그리도록 한다.
④ 유아가 그린 결정체 밑에 작게 유아의 이름을 쓰도록 하고, 게시판에 "눈 오는 마을"을 만들고 눈 결정체를 붙인다.

4. 게임- 눈을 옮겨요.
① 눈이 올 때 하는 놀이에 대해서 이야기를 나눈다.
② 신문지를 이용하여 눈뭉치를 만든다. (야구공만한 크기로 만든다.)
③ 두 팀으로 나누고 신문지로 만든 눈뭉치 가지고 오기 게임을 한다.
④ 각 팀의 유아가 한 명씩 나와 교사의 신호음과 함께 반환점으로 달려간다.
⑤ 반환점에서 도구를 사용하지 않고 몸으로 가지고 올 수 있는 눈 뭉치를 가지고 온다. (온몸을 사용하여 들고 온다.)
⑥ 팀원 모두가 모은 눈뭉치가 많은 팀이 승리한다.

생각 갖기

1. 활동지 1 - 양초로 그려요!
① 유아가 눈을 감고 눈 오는 마을에 대한 풍경을 상상하도록 한다.
② 활동지에 양초를 이용하여 눈 오는 마을 그리도록 한다.
(눈이 쌓인 지붕이나, 땅 등은 양초로 공간을 칠하도록 한다.)
③ 밑그림을 다 그렸으면 한 가지 색을 골라 물감으로 그림 위를 칠하도록 한다.
④ "눈 오는 날"의 이야기를 그림을 들고 이야기해 본다.
2. 활동지 2 - 동물들은 무엇을 하고 있을까요?
T: 흰 눈이 펑펑 오는 날에 동물들은 무엇을 하고 있을까요?
C: 겨울잠을 자요. 눈이 와서 신나게 뛰어다녀요.
① 활동지 속 빈 공간에 겨울잠을 자고 있는 동물들을 그려 준다.
② 유아가 소개한 겨울잠을 자는 동물들을 알아본다.
③ 구덩이와 같은 크기, 같은 색(땅과 같은 색, 나무와 같은 색)으로 덮개를 만들어 덮어 준다.
④ 윗부분에만 살짝 풀로 붙이고, 덮개를 열면 잠자는 동물들을 확인해 볼 수 있도록 한다.

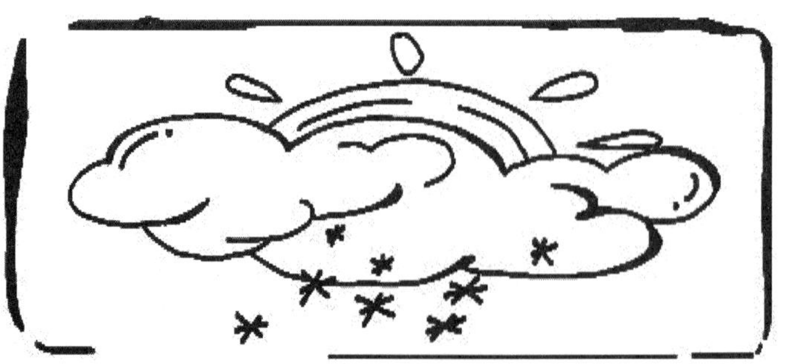

〈함박눈이 오던 날〉 활동지 1

양초로 그려요!

* 흰 눈이 펑펑 내리고 있어요. 눈 오는 마을을 꾸며 보세요.

〈함박눈이 오는 날〉 활동지 2

동물들은 무엇을 할까요?

* 함박눈이 오는 날이에요. 동물들은 숲 속에서 무엇을 할까요?

배꼽인사

글 : 성현주

오늘은 유치원에 입학하는 날이에요.
원장선생님은 문 앞에 서서 배꼽인사를 하며 반겨 주었어요.
“안녕하세요?”
엄마 손을 잡고 들어오던 아이는 엄마 뒤로 쏙 숨었어요.

“안녕하세요?”
원장선생님은 또 배꼽인사를 했어요.
막 뛰어오던 아이는 멀뚱멀뚱 쳐다보기만 했어요.
“안녕하세요?”
원장선생님은 또 배꼽인사를 했어요.
또박또박 걸어오던 아이는 고개만 까닥거렸지요.

그제야 원장선생님은 깜짝 놀랐어요.
“어머나, 큰일 났네. 이를 어쩌지?”
잠시 후, 입학식이 시작되었어요.
원장선생님은 또 배꼽인사를 했어요.
“여러분, 난 별명이 배꼽원장님이에요.”
아이들은 모두 킥킥 웃었어요.
“배꼽까지 고개를 숙이는 인사가 배꼽인사이지요.”
아이들은 모두 자기 배꼽을 쳐다보았어요.
“배꼽인사를 하면 기분이 좋아져요. 왜냐구요? 다른 사람을 기쁘게 해 주니까요.”
아이들은 모두 눈을 반짝였어요.

원장선생님은 아이들을 둘러보며 물었어요.
“멀뚱멀뚱 쳐다보는 것이 인사인가요?”
“아니요!"
“고개만 까닥하는 것이 인사인가요?”

"아니요!"
"인사는 어떻게 하면 좋을까요?"
"배꼽인사요!"

원장선생님 얼굴에 웃음꽃이 활짝 피었어요.
"그럼, 우리 친구들! 모두 배꼽인사를 해 볼까요?"
"네!"
아이들은 벌떡 일어나 배꼽인사를 했어요.
"안녕하세요?"
엄마도, 아빠도, 선생님도 모두모두 배꼽인사를 했지요.
"어때요, 배꼽인사는 기분이 좋아지는 인사이지요?"
"네! 하하하. 헤헤헤."
"재미있어요!"
배꼽인사는 아이들에게 웃음도 주었답니다.

<배꼽인사> 수업지도안

동　　화 : 배꼽인사
학습목표 : 바르게 인사하는 방법을 안다. 여러 가지 인사법을 이해한다.
수업영역 : 음률 / 신체표현
수업지도 : 와! 재미있는 인사법이다! / 꾸벅! 안녕하세요?

생각 꺼내기

1. 노래 부르기 - 안녕

안녕 안녕 안녕 안녕 / 선생님 안녕 친구들 안녕 /
안녕 안녕 안녕 안녕 / 선생님 안녕하세요. /

T: 우리는 즐겁게 인사를 했어요. 그런데 인사는 왜 하는 것일까요?

C: 만나서 반가워서 인사를 해요. 어른들에게 예의를 지키려고 인사를 해요.

생각 풀기

1. 동화 들려주기
2. 이야기 나누기

T: 배꼽인사가 무엇인가요?

C: 머리가 배꼽까지 내려갈 만큼 숙이고 인사하는 방법이에요.

T: 그럼, 우리 모두 배꼽인사를 해 볼까요?

① 유아와 교사는 모두 일어나 배꼽인사를 한다.

② 머리가 배꼽까지 내려가지 않았을 경우와 배꼽 아래로 내려갔을 때 인사하는 모습을 평가해 본다.

T: 인사를 하거나 인사를 받으면 어떤 기분이 드나요?

C: 기분이 좋아져요. 인사한 사람끼리 서로 친해지는 것 같아요.

3. 배꼽 인사왕 뽑기

① 유아가 조를 이루어 배꼽인사를 해 보고 제일 바른 자세로 인사를 한 유아를 뽑는다. (머리가 배꼽까지 내려갔는가? /손은 공손히 모았는가? / 다리는 너무 많이 벌리지 않았는가?)

② 이마 혹은 가슴에 “배꼽 인사왕”이라는 스티커를 붙이고, 하루 동안 생활하도록 한다.

4. 세계 여러 나라 인사법
* 인사는 민족 · 시대 · 계절 · 시간 · 조건 · 계급 · 신분 · 종교 · 직업 · 연령 · 성별 등에 따라 각기 구분이 있어 행동양식을 달리한다.
T: 우리는 어떻게 인사를 하나요?
C: 손으로 (악수) 인사를 해요. / 말로 (안녕?)인사를 해요. / 고개를 숙이고 인사를 해요. / 절을 하며 인사를 해요. /
T: 다른 나라 사람들은 어떻게 인사를 할까요?
* **세계 여러 나라의 인사법**
◉ 고대 이집트에서는 길에서 아는 사람을 만나면 서로 아무 말도 하지 않고 손을 무릎 밑까지 내려 절을 하였으며, 국왕에게 경의를 표할 때는 무릎을 굽히거나 땅에 엎드렸다.
◉ 이슬람교도는 몸을 구부리고 오른손 바닥을 이마에 대는 절을 한다.
◉ 뉴질랜드의 마오리족은 코끝을 서로 맞대며 인사를 한다.
◉ 그리스도교국의 남자 사이에는 몸을 앞으로 구부리며 오른발을 뒤로 끌어당기는 (bow and scrape) 기사시대 또는 궁정인시대의 절에서부터, 가볍게 머리만을 숙이는 인사까지 여러 형태가 있었다.
◉ 가슴 앞에서 손바닥을 합쳐 좌우 열 손가락을 펴서 포개는 일은 불교에서 뿐만 아니라, 옛날부터 오늘날까지 인도에서의 일상적인 인사법이다.

≪노래로 인사하기≫
우리 모두 다같이 이집트 인사 (손을 무릎 밑까지 내려 절을 한다.)
우리 모두 다같이 이집트 인사 (손을 무릎 밑까지 내려 절을 한다.)
우리 모두 다같이 즐거웁게 인사해
우리 모두 다같이 이집트 인사 (손을 무릎 밑까지 내려 절을 한다.)
☞여러 나라의 인사법을 넣어 노래를 응용한다.

생각 갈기

1. 활동지 1 - 와! 재미있는 인사법이다!
* 생각 풀기에서 활동했던 세계 여러 나라의 인사를 그림으로 보고, 맞는 나라 이름과 인사법을 연결한다.
2. 활동지 2 - 꾸벅! 안녕하세요?
① 활동지에 그려 있는 남자 아이의 앞모습과 뒷모습을 오린다.
② 가는 철사를 그림의 가운데에 넣고 앞모습과 뒷모습을 붙인다.
③ 배꼽인사하는 모습으로 굽혔다, 폈다 하며 "배꼽인사" 이야기를 해 본다.

활동 부록 1 - 크기대로 말해요.

① 활동지에 나타나 있는 글자를 읽어 본다.

② 글자마다 표시되어 있는 동그라미를 색칠한다.

(같은 크기의 동그라미는 같은 색으로 색칠해 본다.)

③ 작은 동그라미는 아주 작게, 큰 동그라미는 아주 크게 읽어 본다.

④ 친구와 함께 크기대로 말하는 소리놀이를 해 본다.

안 녕 하 세 요

반 갑 습 니 다

또 만 나 요

안 녕 히 가 세 요

〈배꼽인사〉 활동지 1

와! 재미있는 인사법이다!

* 인사법을 찾아 나라와 연결해 보세요.

이집트 인사

뉴질랜드
마오리족 인사

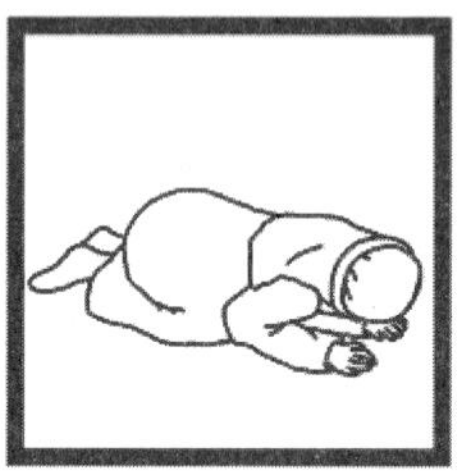

그리스교국
인사

이슬람 교도
인사

〈배꼽인사〉 활동지 2

꾸벅! 안녕하세요?

* 인사 잘하는 인형을 만들어 보아요.

훈이의 운동화

글 : 성현주

"엄마! 엄마!"
씽하니 달려 온 훈이는 운동화를 휙 벗어 던졌어요.
"퍽!"
휙 날아간 운동화는 슬리퍼 위에 툭 떨어졌지요.
"아야야~ 누구야?"
낮잠을 자던 슬리퍼 아줌마가 짜증을 부렸어요.
"슬리퍼 아줌마, 죄송해요."
운동화는 금세 시퍼렇게 멍이 들었어요.
"또 훈이가 뒷발차기를 했군. 아이구, 어깨야."
운동화는 너무 너무 슬펐어요.
축구공에 머리를 뻥뻥 박을 때가 생각났어요.
"거꾸로 뒤집어진 채 잠을 잘 때도 꾹꾹 참았는데……."
뒤꿈치를 구겨 신어 끙끙거릴 때도 떠올랐지요.
"훈이가 날 좋아하지 않는 거야. 흑흑~"
그러자 반짝반짝 구두가 운동화를 위로해 주었어요.
"운동화야, 너무 슬퍼하지 마. 넌 그래도 건강하잖아."
"넌 훈이가 아껴 주니까 내 마음을 모를 거야."
"그래도 난~ 씩씩한 네가 부러워."
반짝반짝 구두는 정말 운동화가 부러운 듯 바라보았어요.
가만히 듣고 있던 슬리퍼 아줌마가 혼잣말을 했지요.
"에구, 훈이 버릇을 누가 고치겠네. 참고 살아야지."
운동화는 거꾸로 뒤집어진 채 잠을 자야했어요.
그런데 이게 웬일이에요.
운동화는 시들시들 병이 나고 말았지요.
다음 날, 훈이엄마는 운동화를 보고 깜짝 놀랐어요.
"아니, 운동화가 쭈글쭈글 왜 이렇지? 산지도 얼마 되지 않았는데……."
그때였어요.

운동화 요정이 살짝 나와서 훈이엄마 귀에 대고 소곤거렸어요.
"오리꼬리띠리오릴리~ 우도화꼬꼬미!"
그날 저녁이었어요.
훈이엄마는 훈이에게 물어 보았어요.
"훈아, 네 신발 중에서 어느 신발이 제일 좋으니?"
"운동화가 제일 편하고 좋아요."
"그래? 그럼 왜 운동화가 제일 구질구질해졌을까?"
"헤헤헤~ 함부로 신고 다녀서 그래요."
"훈아, 좋아하면 아껴 주어야지. 좋아한다는 것은 아껴 주는 마음이야."
"네."
훈이는 구겨 신었던 운동화의 뒤축을 바로 펴고 가지런히 놓았지요.
훈이의 손길을 느낀 운동화는 온몸에 힘이 솟는 것 같았어요.
"훈이가 날 좋아한대."
훈이의 사랑을 느낀 운동화는 더욱 더 튼튼해졌대요.

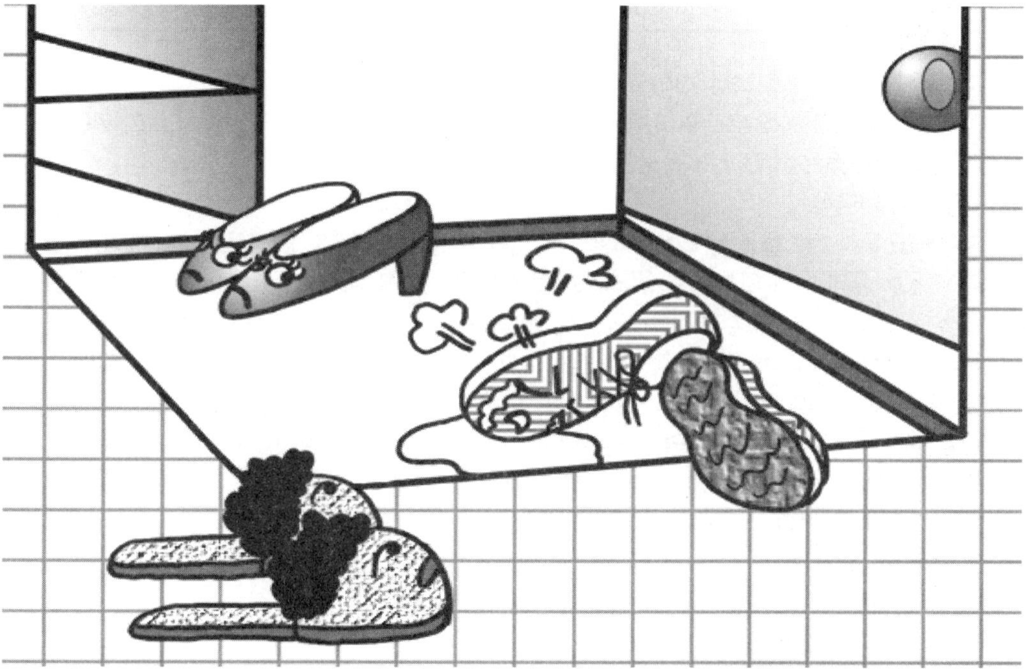

<훈이의 운동화> 수업지도안

동 화 : 훈이의 운동화
학습목표 : 물건의 소중함을 알고 물건 사용의 올바른 습관을 기른다.
수업영역 : 토론 / 창의성드라마
수업지도 : 내 신발 어때요? / 거꾸로 보여요.

생각 꺼내기

1. 이야기 나누기

T: 신발에는 어떤 종류가 있을까요?
C: 운동화요, 실내화요, 구두요, 장화요, 부츠요, 털신이요.
T: 여러분은 어떤 신발을 좋아하나요? 그 이유는 무엇인가요?
C: 저는 운동화를 좋아합니다. 제 운동화에서는 불이 들어오거든요.
저는 구두를 좋아합니다. 또각또각 소리 나는 것이 어른이 된 것 같은 기분이 들어요.

생각 풀기

1. 동화 들려주기
2. 이야기 나누기

T: 왜 신발을 신고 다녀야 하나요?
C: 발을 보호하기 위해서요. 흙이 묻지 않게 하기 위해서요. 유리에 찔리지 않게 하기 위해서요.
T: 옛날 사람들은 어떤 신발을 신고 다녔을까요?

* **짚신과 나막신**

지혜로운 우리 선조들은 생활주변에서 가장 쉽게 구할 수 있었던 짚(짚신)과 나무(나막신)를 이용해 우리 신체 일부인 발을 보호하는 신발을 만들었다. 짚신은 대체로 날씨가 좋은 날에 신었고, 나막신은 주로 비가 오는 날 신어 오늘날 장화에 해당되는 것이었다. 짚신을 만드는 과정을 우리 선조들은 짚신을 삼는다고 했으며 재료로는 짚, 삼, 닥이 사용되었다. **짚신**의 종류는 삼이나 닥, 그리고 왕골 등의 재료 첨가에 따라 고은 짚신, 엄짚신, 부들짚신, 왕골짚신으로 분류되었다. **나막신**은 두 가지 종류가 있는데 신분과 남녀노소 가릴 것 없이 모두 사용했다. 남자용 나막신은 거칠었고, 여자용은 거칠지 않게 그리고 무늬를 넣어 맵시 있게 만들기도 했다.

3. **운동화 되어 보기**– 내가 만일 운동화였다면 어떤 기분이 들었을까요?

* **상황극으로 표현하기**(교사는 상황을 설정해 준다.)

교사 : 훈이는 운동화를 휘 벗어 던졌어요.

훈이: 운동화를 던진다.
운동화: 얼굴과 몸을 이용하여 운동화의 기분을 표현한다.
교사: 훈이가 운동화에게 미안해한다.
훈이: "운동화야. 미안해. 이제 아껴 줄게."
운동화: "훈이가 날 좋아한대" 밝은 표정
T: 운동화가 되어 보니 어떤 기분이 드니?
C: 운동화가 아팠을 것 같아요. 훈이에게 화가 나요.
☞ 유아가 화장실 갈 때 슬리퍼 정리하기, 등 · 하원 때 신발 정리하기, 실내화 정리하기 등 신발의 소중함을 알고 정리하는 습관을 익히도록 한다.

생각 갈기

1. 활동지 1 - 내 신발 어때요?
① 신발의 소중함을 알고, 자신이 가지고 있는 신발을 각각의 신발장에 예쁘게 그려 넣어 준다. (운동화, 슬리퍼, 실내화, 샌들, 장화, 부츠 등)
② 각각 신발집의 지붕에 신발의 종류를 쓴다.
③ 활동지를 완성한 유아는 자신이 가지고 있는 각각의 신발을 언제 신는 것인지 소개한다. (예 - 샌들은 더운 여름에 시원하라고 신습니다.)
④ 교사는 활동지를 평가하고, 유아가 가지고 있는 신발의 종류를 함께 이야기한다.
2. 활동지 2 - 앗! 거꾸로 보여요! (준비물 - 손거울)
① 활동지에 적혀 있는 단어를 읽어 본다. (단어는 동화 속에서 나온 단어다.)
② 단어의 오른쪽에 손거울을 가져다 댄다.
③ 거울 속에 비친 단어의 모양을 써 본다.
④ 거꾸로 쓴 단어를 왼쪽에 거울을 대고 원래 단어를 확인한다.

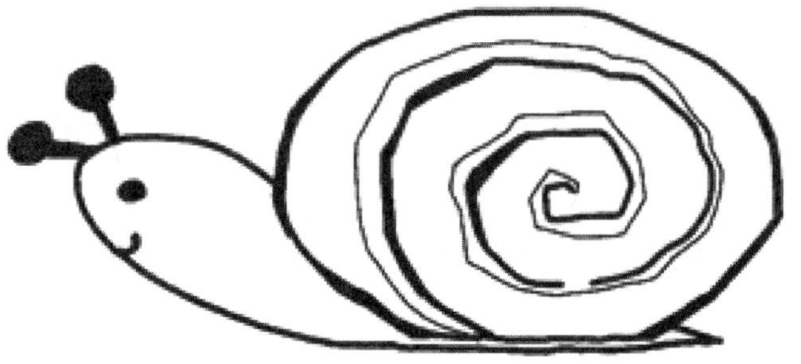

〈훈이의 운동화〉 활동지 1

내 신발 어때요?

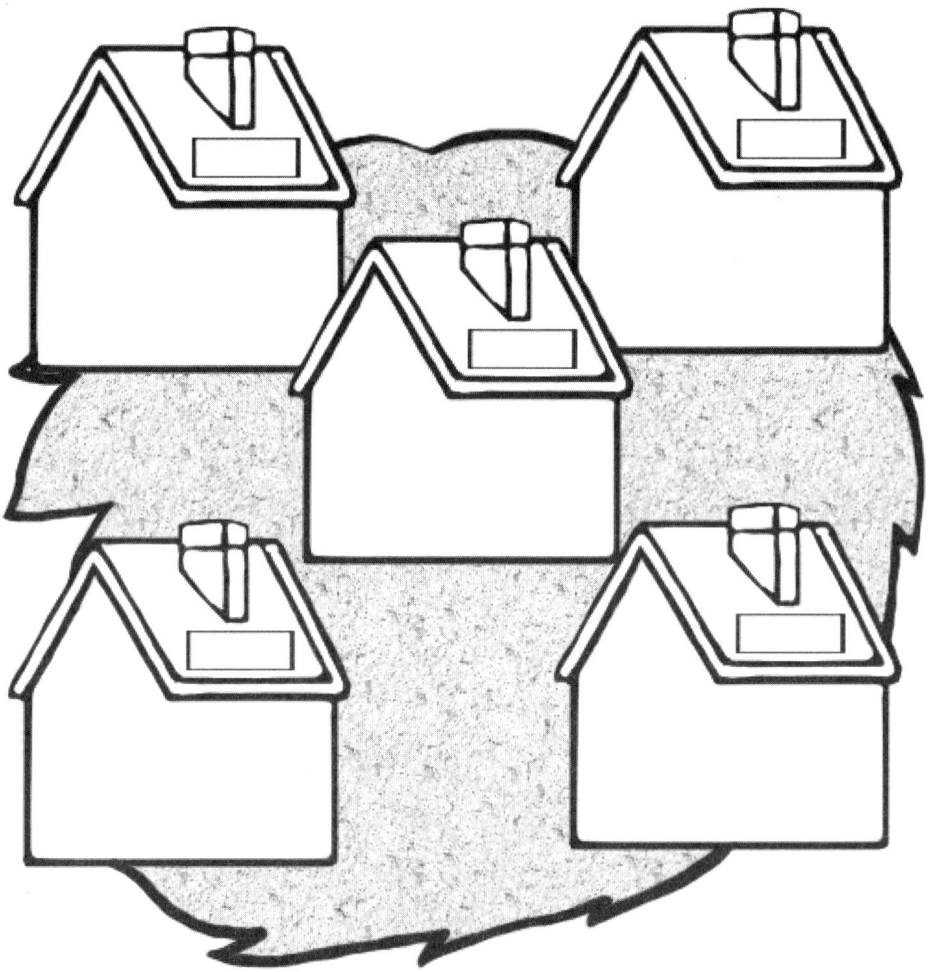

〈훈이의 운동화〉 활동지 2

앗! 거꾸로 보여요!

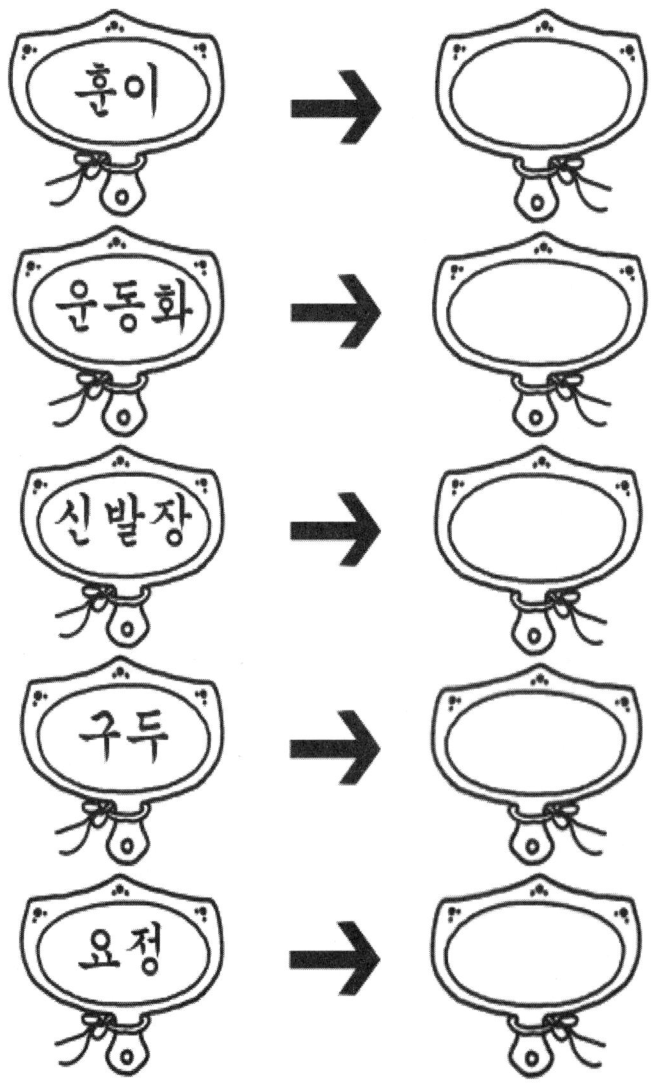

꾹! 참았어요

글 : 성현주

사슴반 친구들은 아침부터 시끌벅적 야단이었어요.
“이건 내꺼야. 이리 줘."
“공격! 뿌아앙~”
교실로 들어 온 선생님은 동화책을 들고 있었지요.
“동화 듣는 시간이에요. 자, 동그라미 안으로 모이세요.”
세훈이는 얼굴을 찡그리며 투덜거렸어요.
“에이~ 탱크놀이 더 하고 싶은데.”
그런데 웬일일까요?
세훈이는 놀고 싶은 마음을 꾹! 참았어요.
장난감을 제자리에 갖다놓고 얼른 동그라미 안에 앉았지요.
선생님은 깜짝 놀라며 세훈이를 칭찬해 주었어요.
"어머나, 세훈이가 이젠 철들었구나.”
게다가 세훈이를 꼬옥 안아 주지 뭐예요.
순간, 선생님에게서 향기로운 향기가 났어요.
‘히히~ 선생님 냄새가 참 좋다.’
세훈이는 수업 내내 기분이 좋아서 선생님 말씀을 잘 들었지요.
어느 덧 저녁 먹을 시간이 되었어요.
밥상을 보니 거무스름한 잡곡밥이었어요.
“에이, 잡곡밥은 싫어! 안 먹을 거야.”
세훈이는 홱 돌아앉으며 투정을 부렸어요.
“또 그러네, 가리지 않고 잘 먹어야 튼튼해지지.”
엄마 목소리에서 갑자기 선생님 얼굴이 떠올랐어요.
‘잡곡밥에는 뭐든지 척척 잘 할 수 있는 힘이 들어 있어요.’
세훈이는 두 눈을 찔끔 감으며 먹기 싫은 마음을 꾹! 참았어요.
꼭꼭 씹어 먹어 보니 잡곡밥은 생각보다 고소했지요.
“어이구, 우리 세훈이가 철들었구나.”
엄마는 세훈이 머리를 쓰다듬어 주셨어요.

엄마의 손끝에서 따스함이 느껴졌어요.
'어~ 기분 좋은데~'
엄마는 퇴근하신 아빠에게 세훈이 칭찬을 했어요.
"여보! 세훈이가 그렇게 싫어하던 잡곡밥을 먹었어요."
"그래? 우리 세훈이가 이젠 철들었구나. 어디 한 번 보자."
아빠는 잠자는 척 하는 세훈이에게 뽀뽀를 해 주었어요.
"멋진 아들, 잘 자."
까칠한 아빠의 수염도 오늘따라 싫지 않았어요.
세훈이는 생각해 보았어요.
'철든다는 게 뭐지? 싫은 것도 참을 줄 안다는 건가?'
세훈이는 처음으로 느껴 보는 흐뭇함으로 스르륵 잠들었답니다.

<꾹! 참았어요> 수업지도안

동　　화 : 꾹! 참았어요.
학습목표 : 자신의 감정을 조절할 수 있는 힘을 키운다.
수업영역 : 언어감성 / 쓰기
수업지도 : 꾹! 참았어요. / 칭찬합시다!

생각 꺼내기

1. 이야기 나누기
T: 우리는 하기 싫은 일이 생기면 어떻게 하나요?
C: 소리 질러요. 하기 싫다고 울어요. 그래도 꼭 참고해요.
☞ 교사는 어린이와 함께 하기 싫은 일을 했던 경험을 이야기해 본다.

생각 풀기

1.동화 들려주기
2.이야기 나누기 - 동화 피드백
① T: 세훈이는 어떤 마음을 꾹 참았나요?
C: 놀고 싶은 마음을 꾹! 참았어요. 먹기 싫은 마음을 꾹~ 참았어요.
② T: "철들었다"는 이야기는 무슨 뜻일까요?
C: 싫은 것도 참을 줄 안다는 뜻이에요. 생각주머니가 커졌다는 뜻이에요.
다른 사람을 이해해 줄 수 있는 마음을 뜻해요.
(☞교사는 어린이와 함께 "철들었다" 의미를 이야기 나누어 보고, 어린이가 확산적 사고를 할 수 있도록 북돋아 준다.)
T: 그렇구나? 그러면 이제 우리도 이런 생각을 가지고 있는 친구들에게는
"**이 이제 철들었구나"라는 이야기를 해 주면 어떻겠니?
우리 모두 함께 해 볼까?
C: 좋아요. "**이 철들었구나."

3. 내가 꾹 참았어요! - 활동지 1 연계

T: 너희들은 동화 속의 ‘세훈’ 이처럼 꾹 참은 적이 있니?

C: 네. 잘 때 양치질하기 싫은 마음을 꾹 참았어요. 동생을 때리고 싶은 마음을 꾹 참았어요.

T: 그렇구나. 그러면 너희들은 꾹 참았던 일을 그림으로 그려 보자.

- 교사는 활동지 1을 나누어 준다. 빈 칸에 꾹 참았던 일을 단어 혹은 문장으로 쓰고, 아래에는 그림으로 상황을 표현하도록 한다.

  완성이 되면 한 명씩 나와서 발표를 하고 발표한 어린이가 이야기를 마무리하면 선생님과 친구들은 “** **이제 철들었구나!**”라고 이야기하며 칭찬하여 준다.

생각 갊기

1. 활동지 1 - 꾹! 참았어요.

생각 풀기 3번 활동과 연계하여 자신이 꾹 참았었던 기억을 되살려 그림으로 표현하여 본다. (상황을 문장으로 적어도 좋다.)

2. 활동지 2 - 칭찬합시다.

① 교사는 어린이와 함께 자신의 감정을 조절하면서 하고 싶었던 일을 절제할 줄 아는 어린이의 행동을 칭찬하여 주기로 한다.

② 활동지를 받은 어린이는 “첫 번째 칭찬주인공”을 찾아 가서 사인(칭찬 주인공이 그린 그림이나, 사인)을 받고 오도록 한다.

(첫 번째 칭찬 주인공은 활동지를 하는 유아 자신이 선정한다.)

③ 첫 번째 칭찬주인공에게 다음 칭찬주인공을 뽑아 달라고 한다.

④ 두 번째 칭찬주인공을 선정된 친구에게 가서 또 사인을 받는다.

⑤ 네 번째 칭찬주인공까지 찾아보고, 활동지를 마무리짓는다.

(교사의 역량으로 칭찬주인공을 늘릴 수도 있다.)

⑥ 활동지를 한 후, 칭찬주인공으로 제일 많이 뽑힌 어린이를 격려하여 준다.

〈꾹! 참았어요.〉 활동지 1

꾹! 참았어요.

______________________________ 때

꾹~ 참았어요.

______________________________ 때

꾹~ 참았어요.

______________________________ 때

꾹~ 참았어요.

〈꾹! 참았어요.〉 활동지 2

칭찬합시다!

* 칭찬 주인공을 찾아 주세요.

첫 번째 칭찬 주인공

두 번째 칭찬 주인공

세 번째 칭찬 주인공

네 번째 칭찬 주인공

외톨이 호랑이

글 : 성현주

"음매~매애애애"
오글오글 양들은 모여 살고요
"얘들아, 무서운 늑대가 오나 살펴보자."
"그래그래, 다 함께 모여 있으면 늑대가 도망갈 거야."

"이히히잉~이히히잉"
우글우글 얼룩말도 떼 지어 살지요.
"우리끼리 모여 있으면 힘이 강해지지."
"그럼, 마음 편히 먹이를 먹을 수 있잖아."

"붕붕붕~붕붕"
바글바글 벌들도 모여 사는데요.
"영치기 영차! 힘을 모아 일을 하자."
"으랏차차! 우리 집은 우리가 지킨다."

"으헝~"
외톨이 호랑이는 혼자 산대요.
"심심해."
"누가 나랑 함께 놀래?"
동물들은 사는 모습이 각각 다르답니다.

<외톨이 호랑이> 수업지도안

동　　화 : 외톨이 호랑이
학습목표 : 동물들이 살아가는 여러 가지 모습에 대해 알아본다.
수업영역 : 역할극 / 만들기
수업지도 : 만화책을 만들었어요! / 종이봉투 인형을 만들자!

생각 꺼내기

1. 손유희 - 둥글둥글한 세상에

둥글둥글한 세상에 / 울퉁불퉁 산과 / 뾰족뾰족 나무와 / 구불구불한 강이 있어요. / 그 속에 / 귀여운 토끼와 / 목이 긴 기린과 / 콧구멍이 큰 돼지와 / 엉덩이가 큰 하마와 / 징그러운 뱀이 있어요. / 세상엔 참 많이 동물들이 살지요. /

또 어떤 동물들이 사는지 알아볼까요?

생각 풀기

1. 동화 들려주기
2. 이야기 나누기

* 모여 사는 동물에는 어떤 것들이 있을까요?
* 혼자 사는 동물에는 어떤 것들이 있을까요?

3. 역할극

① 양, 얼룩말, 벌팀을 정한다. (한 팀당 5명~7명 정도로 한다)
② 유아 한 명을 호랑이로 정한다.
③ 모여 사는 동물들을 맡은 팀들은 교실의 모여 앉아 있는다.
④ 호랑이를 맡은 유아는 혼자 가운데에 서 있는다.
⑤ 각 동물들의 대표 한 명을 뽑아서 서서 이야기한다.
(교사는 해설을 해 준다.)

양 : 얘들아 무서운 늑대가 오나 살펴보자.
나머지 앉아 있는 양들 : 그래그래, 다 같이 힘을 합쳐서 막아내자.
얼룩말 : 우리가 모여 있으면 힘이 강해지지.
나머지 얼룩말 : 그럼, 마음 편히 먹이를 먹을 수 있잖아.
벌 : 영차기 영차! 힘을 모아 일을 하자.
나머지 벌들 : 으랏차차! 우리 집은 우리가 지킨다.
호랑이: 심심해! 누가 나랑 함께 놀래?

생각 갈기

1. 활동지 1 - 만화책을 만들었어요!
   ① 동화 내용을 양, 얼룩말, 벌, 호랑이로 나누어서 각각의 내용을 만화로 만든다.
   ② 만화로 그린 후 이야기를 해 본다.
   ③ 그림책에 있는 그림을 참고 해서 그리도록 한다.
2. 활동지 2 - 종이봉투 인형을 만들자!
   그림참고

〈외톨이 호랑이〉 활동지 1

만화책을 만들었어요!

①

②

③

④

〈외톨이 호랑이〉 활동지 2

종이봉투 인형을 만들자!

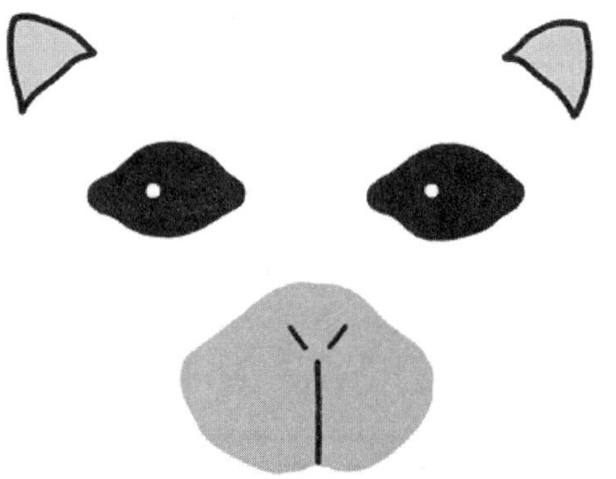

과자봉지와 다람쥐

글 : 성현주

숲 속에 한 줄기 바람이 휘익 불어왔어요.
"어? 이게 뭐지?"
아기다람쥐들은 바람에 날려 온 과자봉지를 요리조리 살펴보았어요.
"뭐지? 뭐지?"

아기다람쥐들은 쪼르르 과자봉지 안으로 들어가 보았어요.
"따뜻하니까 우리들 집으로 할까?"
과자봉지 속에 나란히 누워도 보았지요.
그런데 과자봉지가 움직일 때마다 바작바작 소리가 났어요.
"아니야, 장난감인 것 같애. 소리가 나잖아."
과자봉지에서 나와 다시 살펴보니 색깔이 참 예뻤어요.
"알록달록한 색깔이 예뻐."
"그럼, 목도리로 만들면 어떨까?"
"아니야, 예쁜 모자가 어울리겠어."
아기다람쥐들은 과자봉지를 얼굴에 뒤집어썼지요.

바로 그때였어요.
엄마다람쥐가 쌩하니 달려왔어요.
"안돼, 그건 위험해. 숨이 막혀 죽는단다."
놀란 아기다람쥐들은 과자봉지를 던져 버렸어요.
"이걸 뒤집어쓰면 공기가 통하지 않아 죽을 수 있어."
"그럼, 이렇게 무서운 것이 왜 숲 속에 있어요?
아기다람쥐는 고개를 갸우뚱했답니다.

<과자봉지와 다람쥐> 수업지도안

동　　화 : 과자봉지와 다람쥐
학습목표 : 환경오염의 실태를 이해하고, 환경보호를 위해 할 수 있는 일을 알아본다.
수업영역 : 토론 / 미술놀이
수업지도 : 내가 좋아하는 과자 / 찾아 주세요.

생각 꺼내기

1. 수수께끼
저는 몸이 작아요. 꼬리는 길고, 아주 귀여운 동물이에요. 저는 도토리를 좋아합니다. 저는 누구일까요? (다람쥐)
2. 동시를 들려주기 - 다람쥐 (박목월)
다람 다람 다람쥐 / 알밤 줍는 다람쥐 / 보름 보름 달밤에 / 알밤 줍는 다람쥐 / 알밤인가 하고 / 조약돌도 줍고 / 알밤인가 하고 / 솔방울도 줍고

생각 풀기

1. 동화 들려주기
2. 이야기 나누기
① 왜 엄마다람쥐는 아기다람쥐가 과자봉지를 모자로 쓰지 못하게 했나요?
② 왜 봉지가 다람쥐가 사는 숲 속까지 갔을까요?
③ 만약 숲 속에 사람들이 버린 쓰레기가 쌓여 간다면 어떻게 될까요?
3. 세상에서 제일 큰 봉지 만들기
① 유아가 가지고 온 봉지를 가로와 세로를 한번 잘라서 넓게 핀다.
② 자른 봉지를 테이프를 사용하여 모두 잇는다.
③ 커지면 이은 면의 끝과 끝을 붙인다.
④ 유아가 봉지 속으로 들어가 본다.
⑤ 유아는 봉지 속으로 들어간 후 느낌을 이야기해 본다.

생각 갈기

1. 활동지 1 - 내가 좋아하는 과자예요!
   ① 유아가 가장 좋아하는 과자를 이야기해 본다.
   (유아는 자신이 좋아하는 과자 봉지를 미리 준비해 온다.)
   ② 과자 봉지에 써 있는 과자이름 인쇄만 오리도록 한다.
   ③ 활동지의 과자 봉지 안에 과자이름을 테이프를 이용하여 붙이도록 한다.
   ④ 활동지의 과자봉지를 꾸민다. (문구를 적어도 좋고, 그림으로 표현해도 좋다)
   ⑤ 완성한 유아는 "내가 좋아하는 과자"를 소개한다.
   ⑥ 교사는 유아의 이야기를 듣고 평가하여 준다.
2. 활동지 2 - 여기 있다! (숨은그림 찾기)
   ① 사람들이 숲에 놀러가서 버리고 오는 것에는 무엇이 있는지 이야기해 본다.
   ② 활동지 숲 속 그림에서 사람들이 버리고 간 것들을 찾아보도록 한다.
   (어머, 동물들의 표정을 보세요. 사람들이 버리고 간 것들 때문에 울상이네요.
   어서 빨리 찾아서 깨끗하게 해 주세요.)

〈과자봉지와 다람쥐〉 활동지 1

내가 좋아하는 과자예요!

* 자신이 좋아하는 과자봉지를 예쁘게 꾸며 주세요.

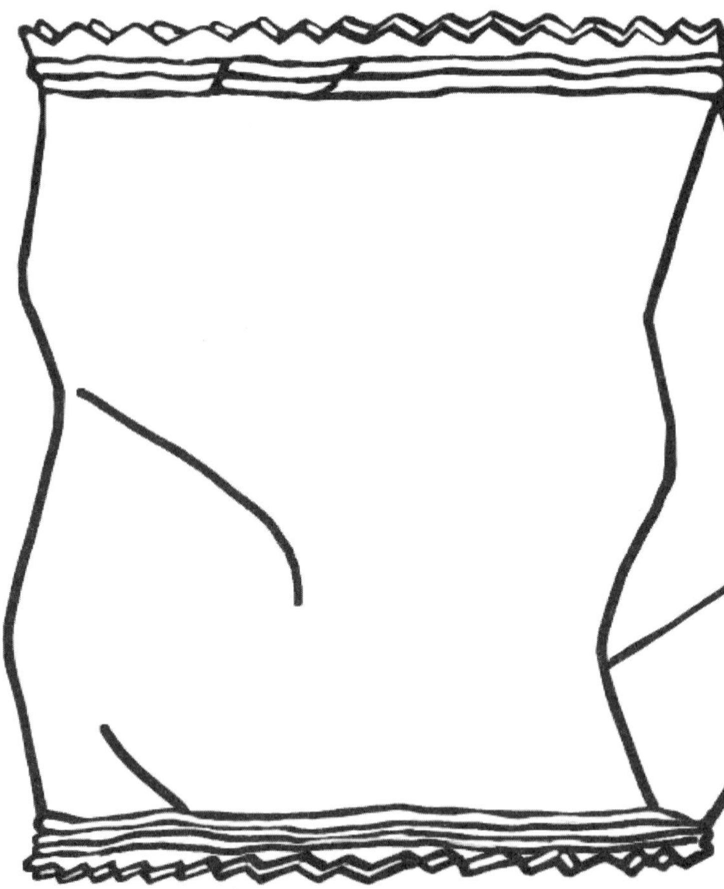

〈과자봉지와 다람쥐〉 활동지 2

여기 있다!

* 어머! 동물들의 표정을 보세요. 사람들이 버리고 간 것들 때문에 울상이에요. 어서 빨리 찾아서 깨끗하게 해 주세요.

5. 세계명작으로 접목한 활동자료

어린왕자

◎ 활동목표

1. 주변에서 소중한 것을 찾아보고 그 이유를 말할 수 있다.
2. 어린왕자를 종이관절인형으로 만들어 표현할 수 있다.

◎ 수업영역

1. 이유 말하기
2. 만들기

◎ 수업지도

1. 소중한 것 찾기
2. 관절인형 만들기

◎ 도입

1. 반짝이는 아름다운 별! 어린왕자는 누구를 만났나요?
(내용 이해하기 활동입니다.)

① 어린왕자가 여러 별을 다니며 만난 사람들에 대해서 이야기를 나누어 본다.
② 활동지에 그려있는 별들에 마다 만난 이들을 그려 본다.
(그림 대신 간단한 문장으로 써도 좋다.)

첫 번째 별에서 만난 사람 – 명령만 하는 임금
두 번째 별에서 만난 사람 – 자랑하기를 좋아하는 남자

세 번째 별에서 만난 사람 – 술만 마시는 아저씨
네 번째 별에서 만난 사람 – (   )
다섯 번째 별에서 만난 사람 – (   )
여섯 번째 별에서 만난 사람 – 별에 대해서만 이야기하는 학자
일곱 번째 별에서 만난 사람 – 지구

③ 어린왕자가 각 별에서 만난 사람에 대한 자신의 느낌을 한 문장으로 표현해 보도록 한다.

예) 이상하다 / 정신없다 등.

④ 아이들이 별에서 만난 이들에 대해 어떻게 생각하는지를 묻고 감정을 표현하는데 중점을 두면서 동화에 대한 이해를 하도록 한다.

☯ 전개

2. 소중한 것 찾기!
(눈에 보이지 않는 소중한 것을 찾아보세요. 어디에 숨어 있을까요?)
① 눈에 보이는 것과 눈에 보이지 않는 것은 무엇이 있는지 이야기를 나누어 본다.
· 눈에 보이는 것 – 사람 , 동물, 과자,
· 눈에 보이지 않는 것 – 사랑, 귀신, 공기 등
② 눈에 보이지 않지만 소중한 것에 대해 이야기를 나누어 본다.
③ 교사는 아이들과 어린왕자의 이야기를 (활동지 지문) 생각해 본다.
(어린왕자 : 사막이 아름다운 건 어딘가에 샘물이 있기 때문이야.)
④ 엄마가 소중한 이유에 대해 이야기를 나누고 글로 쓴다.
⑤ 주변에 소중한 것이 무엇이 있는지 찾아본다.
⑥ 소중한 것에 대한 이야기를 하며 그 이유를 함께 표현해 본다.

3. 나와 길들여진 것을 모두 찾아라!
① 어린왕자와 장미처럼 아이들도 주변의 물건, 사람들과 길들여진 것이 무엇이 있는지 이야기를 나눈다.
(나와 길들여진 것들 : 강아지, 엄마, 친구, 장난감, 인형 등)

② 그 중 자신과 가장 길들여진 것을 찾아 발표해 본다.

〈보충자료〉 글쓰기보다는 말하기를 통해 충분히 자기 의견을 나타내도록 지도한다. 그리고 유아의 능력에 따라 문장이나 그림으로 표현하게 한다.

☯ 마무리

4. 관절인형 만들기

① 우리 몸에서 각각 연결되어 있는 관절이 어디인지 이야기해 본다.
(어깨, 팔꿈치, 무릎, 발목, 손가락, 발가락 등)

② 교사는 완성된 관절인형 하나를 제시하여 주고 어떻게 만들까에 대해 이야기를 나눈다.

③ 필요한 관절을 말해 본다.
(여러 모습이 창의적으로 나올 수 있도록 제시하여 준다. - 축구하는 어린왕자, 요리하는 어린왕자, 노래하는 어린왕자 등등)

㉠ 어린왕자의 얼굴을 그린다.

㉡ 몸통을 그린다.

㉢ 어린왕자의 팔, 다리를 그린다.
(팔, 다리 틀을 그리고 옷을 덧입혀 표현하여 준다.)

㉣ 각각의 관절을 똑딱 단추나 할핀을 이용하여 연결하여 준다.

㉤ 완성된 어린왕자를 들고 나와 어린왕자가 했던 말 중 한 가지씩을 관절인형을 움직이며 발표한다.

〈어린왕자〉 활동지 1

어디에 숨어 있을까요?

〈어린왕자〉 활동지 2

반짝이는 아름다운 별들! 어린왕자는 누구를 만났나요?

행복한 왕자

수업목표

1. 자신이 생각하는 행복의 의미에 대해 생각해 볼 수 있다.
2. 행복한 왕자의 모습을 동상으로 표현할 수 있다.

수업영역

1. 유추하기
2. 만들기

수업지도

1. 행복 책갈피 만들기
2. 동상 만들기

도입

1. 제비가 사랑을 전해요. (내용 인지)

① 〈행복한 왕자〉를 읽고 떠오르는 것을 포스트잇에 쓰도록 한다.
(다양한 생각이 떠오르는 아이에게는 포스트잇을 여러 장 준다.)

② 아이들이 쓴 포스트잇을 칠판에 붙여 가며 행복한 왕자에 대한 생각을 정리한다.
(비슷한 의견은 비슷한 것끼리 모아 분류한다.)

③ 활동지를 보며 행복한 왕자가 도와준 사람들이 누구인지 그림과 글로 표현하도록 한다. (그림은 간단하게 연필로 그릴 수 있도록 한다.)

〈 행복한 왕자가 도와 준 사람들 〉

* 가난한 여인 —〉 칼자루에 박힌 루비
* 다락방의 청년 —〉 사파이어 눈 하나
* 성냥팔이 소녀 —〉 사파이어 눈 하나
* 가난한 사람들 —〉 몸에 붙어 있는 순금

전개

2. 나도 행복한 왕자가 될래요.

① 행복한 왕자가 동상에 서 있을 때의 모습을 상상하여 표현해 보도록 한다.
(교사가 '정지'라고 외치면 아이들은 정지한 동상의 모습을 한다.)

② 교사는 아이들의 눈 위에 사파이어색의 스티커를 붙여 준다.
(아이를 한 명 선정하여 아이들과 함께 행복한 왕자를 꾸며 주어도 좋다.)

③ 행복한 왕자가 된다면 무엇을 하고 싶은지 불쌍한 사람을 돕는다면 어떤 사람을 돕고 싶은지 말한다.(돕고 싶은 이유도 함께 말한다. 말할 때에는 왕자의 말투로 멋스럽게 무게감 있게 이야기 하도록 한다.)

* 불쌍한 사람이란 어떤 사람을 말하는지에 대해서도 이야기 나눈다. 교사는 거지처럼 일하지 않고 남에게 도움을 청하려고만 하는 사람, 외모만 불쌍해 보이는 사람, 열심히 노력하지만 가난한 사람 등 여러 사람에게 대한 이야기를 여러 가지 자료를 통해 보여주고 도와줘야 하는 사람에 대해 생각해 볼 수 있는 시간을 가져 본다.

3. 나는 행복해!

① 활동지에 제시되어 있는 "행복한 책"에는 어떤 행복한 일들이 적혀 있을지 생각해 본다.

② 행복한 것이 무엇인지에 대해 이야기를 나누어 보고, 행복한 경험을 소개하도록 한다.

"나는 ~~~~~ 할 때 행복해요. 왜냐하면 ~ "
(나는 엄마 무릎을 베고 누울 때가 제일 행복해요. 엄마 무릎을 베고 있으면 마음을 편해지거든요.)

③ "행복한 책" 책갈피에 행복한 경험, 단어를 듣고 떠오르는 것들을 그림으로 그려 책갈피를 완성하도록 한다.

마무리

4. 행복한 왕자 동상 만들기

① 처음 모습으로 화려한 행복한 왕자와 보석을 나누어 준 행복한 왕자의 모습을 생각해 본다.

② 두 모습의 행복한 왕자를 동상으로 만들어 보도록 한다.

㉠ 활동지의 행복한 왕자를 오린다.

㉡ 가운데는 두꺼운 도화지를 붙이고 앞과 뒤에 행복한 왕자의 두 모습을 붙인다.

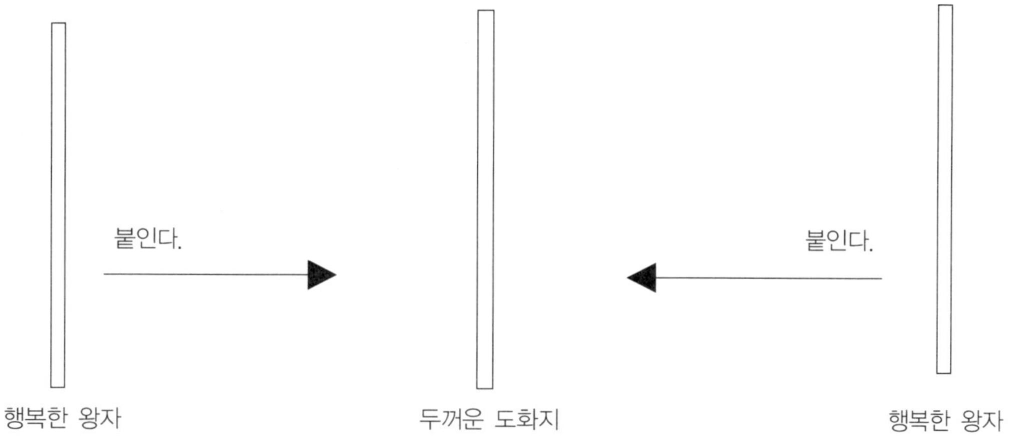

③ 행복한 왕자의 눈, 코, 입, 몸을 화려한 모습과 초라한 모습으로 나누어 꾸미도록 한다.
④ 종이컵을 엎어 놓고 위를 가로로 자른다.
(종이컵이 동상의 받침대 역할을 하므로 꾸며 준다.)
⑤ 행복한 왕자를 자른 부분에 끼운다.
⑥ 행복한 왕자에게 하고 싶은 말을 종이에 적어 종이컵에 붙인다.

〈보충자료〉
부록 스티커를 이용하여 왕자를 꾸미면서 왕자에게 하고 싶은 말을 해 보거나 이야기를 재구성하여 말하기 등의 활동을 한다.

〈행복한 왕자〉 활동지 1

나는 행복해!

〈행복한 왕자〉 활동지 2

내가 만든 행복한 왕자 동상!

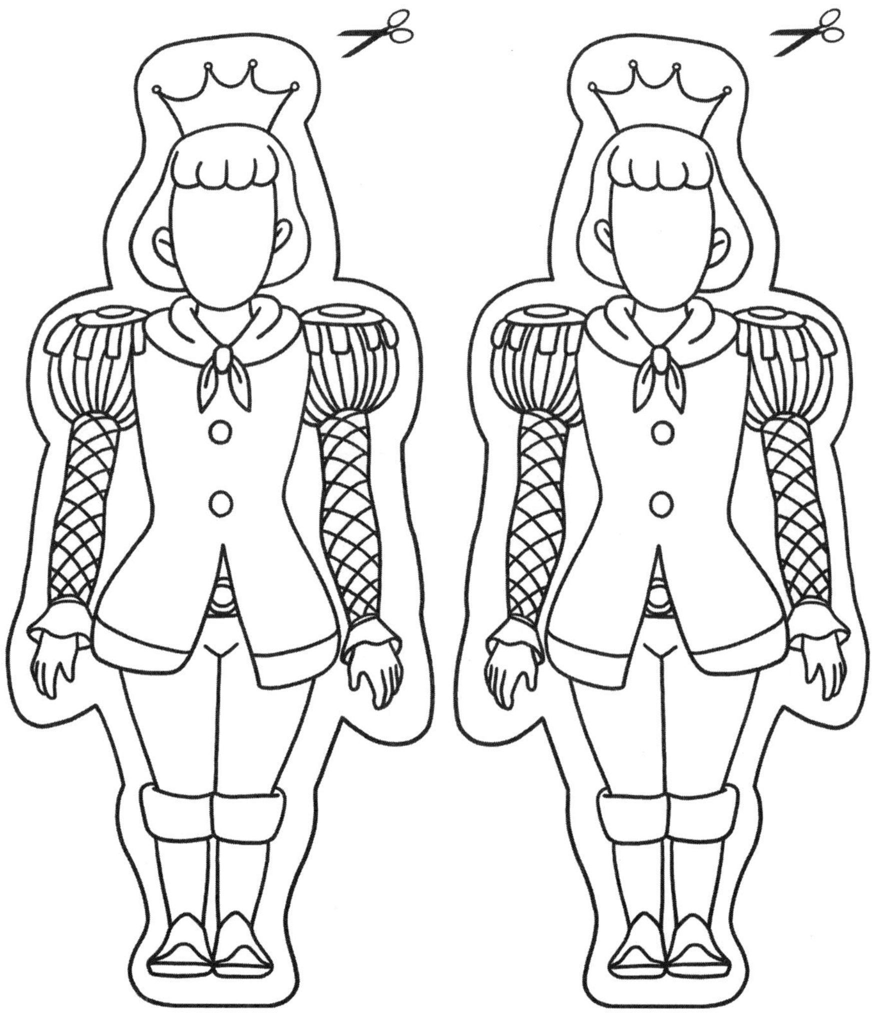

잠자는 숲 속의 공주

◎ 수업목표

1.동화 속의 요정처럼 현실 속에서 마법을 걸고 싶은 일을 논리적으로 말할 수 있다.

2. 입술 찍기 활동으로 다양한 그림을 상상하여 완성할 수 있다.

◎ 수업영역

1. 유추하기
2. 그리기

◎ 수업지도

1. 잠을 많이 자는 동물 / 조금 자는 동물
2. 입술 찍기

◎ 도입

1. 무슨 일이 있었을까요?

〈잠자는 숲 속의 공주〉 내용을 인지하며 이야기가 연결되도록 이야기를 만들어 보는 활동입니다.

① 잠자는 숲 속의 공주의 내용을 영화 필름처럼 만들어 놓은 그림을 보면서 되짚어 본다.
(교사는 아래 내용에 해당하는 그림을 동화책에서 찾아 스캔받은 뒤 영화 필름으로 만들어서 보여 준다.)

㉠ 공주가 태어난 그림
㉡ 일곱 요정이 공주를 축하하고 있는 그림
㉢ 여덟 번째 요정이 공주에게 저주를 거는 그림
㉣ 15살 때 공주가 물레에 찔리는 그림
㉤ 공주가 잠이 든 그림 (아이들이 그리는 비어 공간)
㉥ 요정이 모든 사람들이 잠들게 마법을 거는 그림
㉦ 왕자가 공주에게 뽀뽀를 하는 그림 (아이들이 그리는 비어 공간)
㉧ 저주가 풀려 모두 깨어나는 그림
㉨ 결혼하여 행복하게 사는 그림

② 영화 필름의 비어 있는 공간에 해당되는 그림이 무엇인지 생각해 보도록 한다.
(어떤 내용이 들어갈까?)
③ 비어 있는 공간에 그림을 그려서 영화 필름을 완성한다.

☯ 전개

2. 얍! 마법아~ 걸려라!

① 요정이 자고 있는 공주를 위해 어떤 마법을 걸었는지 이야기를 나누어 본다.
(공주가 백년 후에 깨어났을 때 사람들과 환경이 바뀌어 있으면 당황할까봐 모든 사람들을 잠들게 하는 마법을 걸었어요.)
② 나에게도 요정이 찾아와 준다면 활동지에서 제시한 상황에서 어떤 마법을 걸어 해결하고(문제해결력) 싶은지 이야기를 나누어 본다.

㉠ 친구와 싸웠어요. 마법을 걸어 줘요!
㉡ 바지에 오줌을 쌌어요. 마법을 걸어 줘요!

3. 아함! 졸려요!

① 백년 동안 잠이 든 잠자는 숲 속의 공주처럼 잠을 많이 자면 기분이 어떨지 이야기를 나누어 본다. 또한 잠을 백년 동안 자고 일어난다면 어떤 일이 벌어질지 상상해 본다.
(내가 잠을 백년 동안 자고 일어난다면 어떤 일이 벌어질까요?)
② 위의 이야기와 연결하여 잠을 많이 자는 동물 혹은 인물(사람)과 잠을 조금 자는 동물 혹은 인물(사람)에 대해 알아본다.

* 잠을 많이 자는 동물(인물) : 나무늘보, 소가 된 게으름뱅이, 쥐, 돼지, 개
* 잠을 조금 자는 동물(인물) : 코끼리, 새끼고래, 양, 말, 소

③ 잠을 많이 자거나 혹은 잠을 조금 자면 어떻게 되는지 이야기 나누고 간단한 문장 혹은 그림으로 표현하도록 한다.

☯ 마무리

4. 공주 입술로 쪽!

① 잠자는 숲 속의 공주의 모습을 그림책을 보거나 머릿속에서 떠오르는 이미지를 그림으로 그린다. (교사는 전지를 준비하여 아이들이 잠자는 숲 속의 공주 그림을 이미지화할 수 있도록 한다.)

② 잠자는 숲 속의 공주처럼 예쁘게 표현하기 위해서 입술에 립스틱을 바르도록 동기부여한다.

③ 우리가 잠자는 숲 속의 공주 입술을 가졌다면 공주는 무슨 말을 했을지 상상하며 말로 표현하도록 한다.

③ 활동지에 립스틱을 바른 입술을 다양한 모양으로 찍어 보도록 한다.

〈잠자는 숲 속의 공주〉 활동지 1

아함~ 졸려요!

잠을 많이 자면 ______________________________

____

잠을 조금 자면 ______________________________

____

〈잠자는 숲 속의 공주〉 활동지 2

공주 입술로 쪽!

꿀벌 마야의 모험

◎ **수업 목표**

1. 등장인물의 행동을 통해 성격을 알 수 있다.
2. 벌들의 생활 모습을 정리할 수 있다.

◎ **수업 영역**

1. 이야기하기
2. 그리기

◎ **수업 지도**

1. 이유 말하기
2. 꿀벌그림 그리기

◎ 도입

1. 제목을 함께 읽고 꿀벌 마야가 어떤 모험을 할지 상상해서 말하도록 한다.

2. 동요 '꼬마 자동차 붕붕'을 개사해서 부른다.

붕붕붕 아주 작은 자동차
꼬마 자동차가 나간다.
붕붕붕 꽃향기를 맡으면
힘이 솟는 꼬마 자동차
엄마 찾아 모험 찾아
낯설은 세계 여행
우리도 함께 가지요.

붕붕붕 아주 작은 마야
꼬마 꿀벌이 나간다.
붕붕붕 꽃향기를 맡으면

힘이 솟는 꿀벌 마야
친구 찾아 모험 찾아
낯설은 세계 여행
우리도 함께 가지요.

☯ 전개

1. 호기심 많은 꿀벌 마야의 모험

– 전체 이야기를 정리해 보는 시간을 갖는다. 밑줄 친 부분에 내용을 정리하고 내용과 관련된 그림도 그리도록 한다.

· 꿀벌 마야가 태어났어요. : 반짝반짝 빛나는 눈 / 깜찍하고 엉뚱한 성격의 꿀벌 마야의 탄생에 대해 정리한다.

· 카산드라와 함께 : 친절한 암벌 카산드라가 마야에게 알려 준 꿀벌 세계의 규칙에 대해 정리한다. / 누구든 멋대로 행동해서는 안 된다. / 공동생활에서는 모두 규칙을 지켜서 집 안을 행복하게 해야 한다. / 바깥세상을 구경할 때는 지나간 길을 똑똑히 기억해 두어야 한다. 등

· 딱정벌레, 파리와 잠자리를 만났어요. : 딱정벌레 '페피'를 만나서 장미꽃 구경을 했다. / 호수에서 잠자리에게 잡아먹히려는 파리를 구해 주었다.

· 아름다운 잠자리 시누크의 슬픈 이야기 : 아름다운 날개를 가진 시누크는 사람들에게 잡혀 죽은 동생 이야기를 해 주었다.

· 땅벌 소굴에서 탈출 : 꿀벌들의 소굴을 습격한다는 땅벌들의 이야기를 듣고 마야는 용기를 내어 탈출하여 여왕님에게 그 사실을 알렸다. 싸움에서 이기고 마야는 여왕님의 보좌관이 되었다.

2. 무서웠지만……

– 전체 이야기를 정리한 후 활동지 1를 하면서 꿀벌 마야의 마음을 알아보는 시간을 갖는다.

– 활동지 1에 나타난 발문을 꿀벌 마야가 되어 생각해 보도록 한다.

· 잠자리가 파리를 잡아먹으려고 했을 때 : 누구도 다른 곤충을 괴롭힐 권리는 없다고 생각해서 용기를 내어 살려 주라고 소리쳤을 것이다. 등

· 거미줄에 걸렸을 때 : 카산드라의 말을 떠올리며 이대로 죽을 수 없다고 생각해서 거미에 맞서 싸웠다. 등

· 땅벌에게 잡혔을 때 : 꿀벌들이 모두 죽을지도 모른다고 생각하고 땅벌 소굴에서 탈출하여 싸웠을 것이다. 등

◎ 마무리

〈꿀벌들의 탄생〉

– 활동지 2 : 꿀벌 마야를 통해 곤충의 세계에 대해 알았을 것이다. 벌이 어떻게 탄생하는지 그 과정을 그림으로 그려 보고 여왕벌, 수벌, 일벌의 생태에 대해 알아보는 활동을 한다. 교사는 먼저 사진 자료를 통해 보여 주도록 한다.

– 육각형의 벌집을 그리고 여왕벌, 수벌, 일벌을 꾸미도록 한다.

참고자료

1. 벌의 생태

벌의 몸 구조는 곤충의 다른 목에 비해 생활을 적극적으로 활발한 행동으로 해나갈 수 있게 되어 있고, 먹이 선택이나 생활양식이 모두 다양하다. 더욱이, 그 진화의 자취를 추정할 수 있을 만큼 오래된 것에서 새로운 것까지 생활양식이 연속되어 현생종 속에 잘 보존되어 있다.

그것들을 개관하면 벌의 생활은 먹이에서는 식물을 먹는 다른 곤충, 또는 거미의 기생자로서의 생활을 거쳐 그것들의 사냥꾼생활로 전전하고, 마지막으로 다시 식물식으로 되돌아오는데, 이 때는 식물의 미량생산물인 꽃가루와 꿀만을 먹는 생활로 되어 있다. 출발점에서의 식식성은 송곳벌·잎벌 등에서, 기생성은 벌레살이 송곳벌·맵시벌·좀벌 등에서, 수렵성은 사냥벌에서, 식화분성은 꽃벌류에서 볼 수 있다.

벌의 생활을 좀더 자세히 살펴보면 이 진화는 어미벌의 자손보존노동, 즉 모성노동의 진화이기도 한 것을 알 수 있다. 이 모성노동의 진화는 단독성으로부터 가족성으로의 진화로 나타난다.

대부분의 사냥벌이나 꽃벌은 암컷 1마리가 집을 만드는데, 진화가 진척된 것에서는 어미벌이 집을 짓기 시작할 무렵에는 1마리이지만, 산란을 하지 않는 딸벌들의 도움을 받아 가족생활을 시작한다. 이것은 사회성이라고 하는 현상이며 3과에서 독립적으로 완성되었다. 말벌과에서는 쌍살벌이나 말벌, 꿀벌과에서는 띠호박벌·꿀벌이 가족성이다

2. 여왕벌

〈동물〉알을 낳는 능력이 있는 암벌. 몸이 크며 벌 사회의 우두머리이다. 꿀벌에서는 한 때에 한 마리만 있다.

3. 수벌

비생산적인 벌들. 수벌들은 일벌보다 훨씬 크고 심지어는 여왕벌보다도 더 크다. 그들의 유일한 기능은 여왕벌을 수태시키고 죽는 것이다.

4. 일벌

〈동물〉집을 짓고 애벌레를 기르며 꿀을 치는 일을 맡아 하는 벌, 생식 기능이 없다.

〈꿀벌 마야의 모험〉 활동지 1

너무 무서웠지만!

★ 잠자리가 파리를 잡아 먹으려고 했을 때

★ 거미줄에 걸렸을 때

★ 땅벌에게 잡혔을 때

〈꿀벌 마야의 모험〉 활동지 2

꿀벌들의 탄생

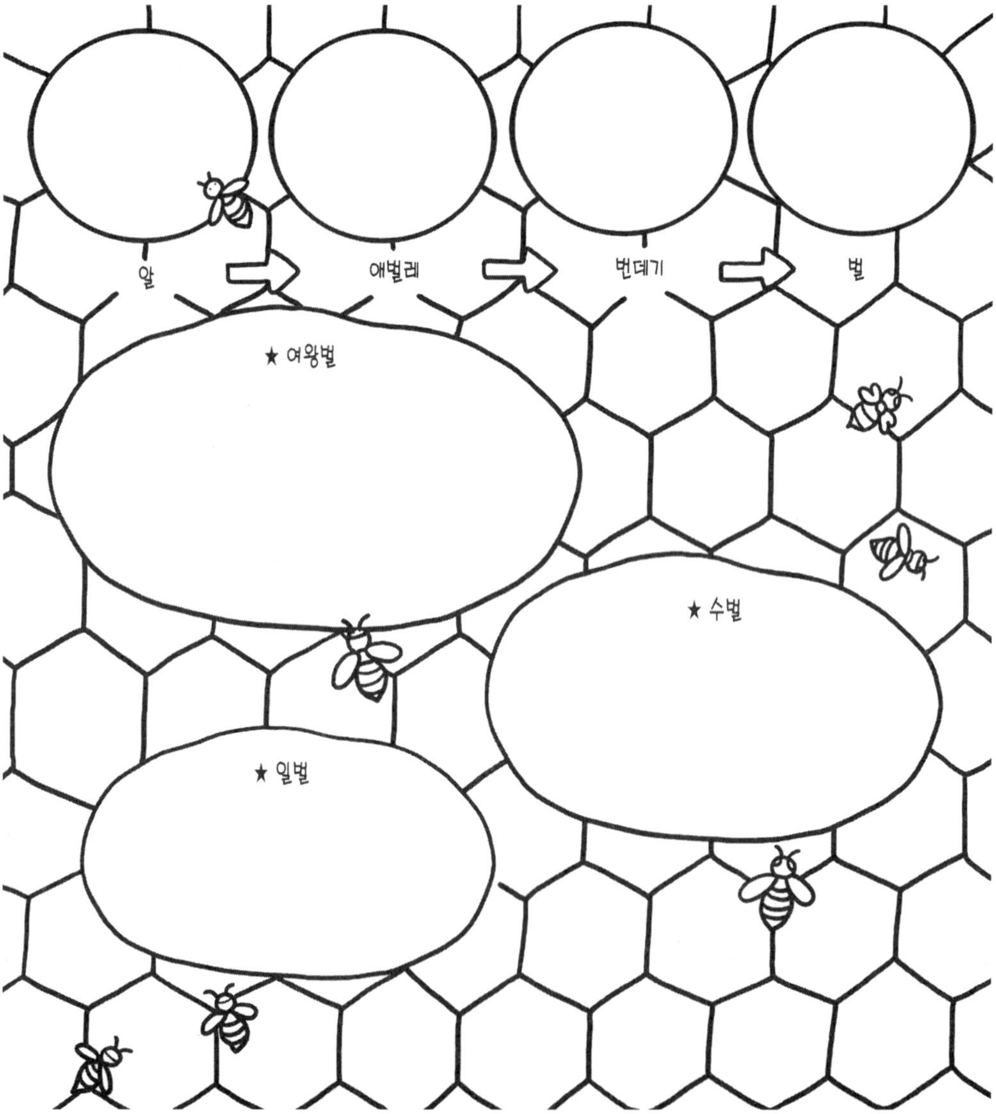

오즈의 마법사

수업목표

마법도구를 사용하여 하고 싶은 일을 논리적으로 말할 수 있다.

수업영역

1. IF ~ then 기법
2. 그리기

수업지도

마법도구를 가지고 있다면?

도입

1. 누구를 만났을까요?

① 도로시가 오즈의 마법사를 만나러 가는 길에서 만난 인물들이 누구인지 이야기해 본다.

② 활동지에 제시되어 있는 길을 따라 가다가 만난 인물이 무엇이 필요하다고 했는지 말주머니에 쓴다. 단어를 쓰기 어려워하는 아이들에게는 칠판에 단어를 제시하여 주고 단어를 쓸 수 있도록 지도하여 준다.

* 허수아비 : 지혜가 부족해요.
* 나무꾼 : 감정이 부족해요.
* 사자 : 용기가 부족해요.

③ 오즈의 마법사가 살고 있는 성에 다녀 온 후에 등장인물들이 어떻게 변했는지 말해 본다.

* 허수아비는 지혜를 갖게 되었어요.
* 나무꾼은 따뜻한 마음이 생겼어요.
* 사자는 용기를 얻게 되었어요.

☯ 전개

2. 우리들 마음에는 무엇이 있을까?

① 노인이 등장인물들의 마음에 필요한 것들을 넣어 준 것처럼 우리들 마음에 지혜, 사랑, 용기가 있다면 어떤 일을 할 수 있을지 생각해 본다.

나에게 지혜가 많아진다면 ~~~일을 할 수 있을 거예요.
나에게 사랑이 있다면 ~~~~~~일을 할 수 있을 거예요.
나에게 용기가 있다면 ~~~~~~일을 할 수 있을 거예요.

② "파란마음 하얀마음" 노래를 불러 본다.
(개사를 하여 활동지의 문장으로 바꾸어 부르고 활동지 이외의 단어를 넣어서 불러도 좋다.)

파란마음 하얀마음

1. 우리들 마음에 빛이 있다면
여름엔 여름엔 파랄거에요.
산도 들도 나무도 파란 잎으로
파랗게 파랗게 덮인 속에서
파아란 하늘 보고 자라니까요.

2. 우리들 마음에 빛이 있다면
겨울엔 겨울엔 하얄 거여요.
산도 들도 지붕도 하얀 눈으로
하얗게 하얗게 덮인 속에서
깨끗한 마음으로 자라니까요.

③ 지혜, 사랑, 용기가 있다면 무엇을 하고 싶은지 그림으로 표현하고 발표할 수 있도록 한다.

3. 무엇에 쓰는 물건인고?

① 〈오즈의 마법사〉에 나온 동, 서, 남, 북의 마녀들의 모습, 특징에 대해서 이야기를 나누어 본다.

② 동화 속에 등장하는 마법사들의 마술도구에는 어떤 것들이 있는지 찾아본다.

〈마술지팡이, 마술그릇, 요술구슬, 요술빗자루, 요술수건, 마술모자〉

③ 우리에게 마술도구가 생긴다면 어떻게 사용할 수 있을지 이야기해 본다.
(지팡이를 빙글빙글 돌려서 주문을 외워요. / 수건을 얼굴에 덮고 주문을 외워요.)

④ 나에게 요술도구가 생긴다면 어떤 요술 도구로 무엇을 하고 싶을지 정리하여 그림으로 표현한다.

〈오즈의 마법사〉 활동지 1

우리들 마음에는 무엇이 있을까요?

1. 우리들 마음에 사랑이 있다면?

2. 우리들 마음에 용기가 있다면?

3. 우리들 마음에 지혜가 있다면?

〈오즈의 마법사〉 활동지 2

무엇에 쓰는 물건인고?

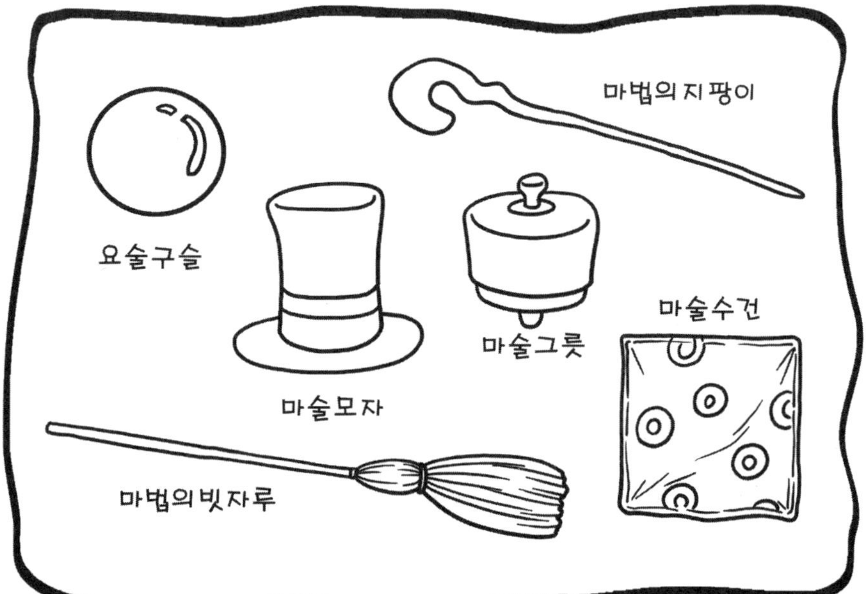

플란더즈의 개

수업 목표

1. 애완동물에 대해 다양한 생각을 할 수 있다.
2. 숨겨진 이야기에 대해 상상할 수 있다.
3. 물건, 존재의 여러 가지 기능에 대해 생각할 수 있다.

수업 영역

1. 상상하여 표현하기
2. 그리기 (미술)로 나타내기

수업 방법

1. 상상하여 논리적으로 말하기
2. 감상 이야기하기
3. 상상하여 그리기

수업 준비물

크레파스, 색연필 등

도입

1. 나의 애완동물

활동내용: 빙고게임을 통해 애완동물의 종류와 애완동물에 대한 느낌 등을 이야기하는 활동이다.

- 아동들에게 자신들이 기르는 혹은 주위에서 기르는 애완동물에 대해 생각해 보고, 애완동물 이름으로 빙고판을 채우도록 한다.
  (동물의 이름을 쓰기 어려우면 그림으로 칸을 채워도 좋다.)
- 애완동물로 기를 수 있는 동물들에 대해 이야기해 본다.
- 또 현재 기르고 있는 애완동물에 대해 서로 이야기해 보자.
- 작품 속에서 네로와 파트라셰의 사랑과 믿음에 대해 이야기한다
- 내가 기르고 싶은 애완동물에 대해서도 이야기한다.
  예) 나의 애완동물 – 개, 고양이, 새, 햄스터, 토끼, 거북이, 금붕어, 이구아나, 병아리, 뱀, 원숭이, 카멜레온, 패럿 등등

- 빙고게임하는 법을 간단히 설명한다.
- 3빙고, 5빙고 등 상황에 따라 조건을 정하여 아동들이 즐겁게 참여할 수 있도록 한다.

☯ 전개

2. 숨겨진 이야기! 이건 몰랐죠?

활동내용: 이야기 속에 나오지 않는 다른 장면, 사건 등등을 상상하여 쓰는 활동이다. 네로와 파트라셰가 함께 간 동화 속에 안 나온 장소, 사건, 만난 사람과 이유 등을 써 넣도록 한다.

- 그림을 보고 어떤 일들이 있었을지 상상해 보고 그림으로 표현한다.
- 어느 곳에 가서 무슨 일을 했을지, 어떤 일이 있었을지, 누구를 만났을지, 그 일을 할 때 둘의 기분은 어땠을지 등등을 상상하여 이야기하되 왜 그런 일이 있었을지 근거를 들어 논리적으로 이야기하도록 지도한다.

3. 이런 기능이 있어요~

활동내용: 동화 속에 등장하는 여러 가지 것들의 기능을 생각해 보는 활동이다.

- 파트라셰는 네로의 듬직한 친구이자 보호자이고, 심부름하기, 우유 배달하기 등 여러 가지 일을 한다. 하나의 대상이 경우에 따라 여러 가지 기능과 역할을 할 수 있다는 것을 인지하며, 다양하게 확장하여 이야기하고 표현할 수 있도록 지도한다. 그림, 돈, 우유의 다양한 기능을 그림으로 표현하도록 한다. 발표할 때 다양한 기능을 정확하게 소개하도록 한다.
- 문제로 제시된 그림 – 그림의 경우 비싸게 팔릴 경우 큰 돈이 되기도 하고 아무도 가치를 인정해 주지 않을 경우 휴지 조각이 될 수도 있다. 또 장식의 효과를 지녀 기분전환이나 분위기 연출에 중요한 역할을 하기도 한다. 등.
- 문제로 제시된 돈 – 편리한 것, 때로는 밥이 되기도 하고 옷이 되기도 하고 놀이동산이 되기도 한다. 그러나 때로는 다툼의 원인이 되기도 하고 사람을 노예로 만들기도 한다. 등
- 문제로 제시된 우유 – 키를 쑥쑥 자라게 한다. 아가들의 밥이 된다. 엄마들 미용에 좋은 재로가 된다. 팔면 돈이 된다. 보관을 잘못하면 쉽게 부패해서 냄새가 난다. 등등.
- 다양한 경우를 많이 생각해서 서로 이야기할 수 있도록 지도한다.

마무리

4. 네로가 그렸어요!!

활동내용: 네로가 그렸을 그림을 상상하여 그려 보는 활동이다.

- 네로는 그림을 사랑하고 그림에 대한 열정이 강해서 보고 싶은 그림 앞에서 죽음을 맞이하게 된다. 비록 상은 받지 못했지만 이토록 그림에 대해 대단한 열정을 가진 네로는 어떤 그림을 그렸을까?
- 아이들에게 여러 가지 그림의 내용에 대해 이야기하도록 한 후 직접 표현해 보도록 한다.
- 그리고 전시회에 출품한 것처럼 자신이 그린 네로의 그림에 대해 설명해 보도록 한다.
- 그림은 꼭 구상화가 아니어도 좋다.
- 네로의 어떤 마음을 담아 그린 그림인지 자세히 설명해 보도록 지도한다.

〈플란더즈의 개〉 활동지 1

숨겨진 이야기! 이건 몰랐죠?

〈플란더즈의 개〉 활동지 2

이런 기능이 있어요!

6. 과학동시로 접목한 활동자료

한 번에 척!

글 : 성현주

휙!
산모퉁이 누가 오나
한 번에 살펴보고.

척!
높은 가지 나뭇잎도
한 번에 냠냠냠.

한 번에 휙!
한 번에 척!
기린은 목이 참 길구나.

한 번에 척

학 습 목 표	기린에 대한 정보지식을 설명하기로 표현해 볼 수 있다.
영 역 구 분	생명영역-동물
대 상	5~6세
수 업 방 법	기린 만들기, 기린처럼 흉내내기, 동시 암송하기
준 비 물	동물카드(무늬가 있는 동물), 기린 모양 풍선 또는 기린인형,

활동준비

-동물카드는 무늬가 뚜렷한 동물로 준비한다.
 예) 얼룩말, 거북, 호랑이, 기린, 뱀 등등
-기린 모양 풍선은 미리 불어 둔다.

☯ 도입

노래 부르기-기린이랑 사슴이랑
: 노래를 부르며 기린과 사슴을 힘차게 표현할 수 있도록 한다.
 (기린이랑 사슴이랑 - 김여자 작사, 이은렬 작곡 참고)

☯ 전개

1. 수수께끼 내기
: 길쭉한 다리, 몸에는 무늬가 있고 키가 커요. 나는 누구일까요?

2. 동시 들려주기 & 동시 피드백
: 선생님이 동시를 낭독하고 아이들은 눈을 감고 감상하도록 한다.
 아이들이 따라 할 수 있도록 한 구절씩 낭독한다.
 느낌 가지며 동시 낭독하기

: 훽, 척에 동작을 생각해 본다.
훽, 척이 나오는 부분에 고개를 오른쪽 왼쪽으로 돌리는 동작을 한다.
훽, 오른쪽, 척 : 왼쪽으로 돌리는 동작을 놀이처럼 진행한다.
동시를 외울 때 낭독할 때 동작이 가미되면 더 재미있는 동시를 배울 수 있다.

3. 기린에 대해 이야기 나누며 기린 만들기
: 활동지의 기린을 보면서 기린의 신체적 특징에 대해 이야기한다.
활동지 속의 기린 그림에 무엇이 빠져 있는지 이야기해 보고 무늬와 함께 기린을 꾸민다.

기린의 신체적 특징
－기린은 몸에 비해 목이 아주 길어요.
－머리에는 두 개의 뿔이 나 있고, 암컷의 경우는 뿔 끝에 털이 나 있어요.
－기린은 청각과 후각이 아주 예민해요.
－기린은 시각이 발달되어 있어서 멀리서 오는 적을 쉽게 발견할 수 있어요.

4. 동물들에게는 어떤 무늬가 있을까?
: 준비한 동물카드를 보여주며 어떤 동물인지, 어떤 무늬를 가지고 있는지 이야기해 본다.
왜 무늬가 있을까?
: 얼룩말이나 아르마딜로처럼 포식자로부터 숨기 위한 보호색으로 무늬를 가지고 있기도 하고, 사냥에 유리하게 위장색을 하기 위해 무늬를 가지기도 해요.
동물들의 무늬와 비슷한 무늬를 생활 속에서 찾아볼 수 있도록 한다.

5. 나도 기린!
: 준비한 기린 풍선을 가지고 선생님이 먼저 기린이 대해 이야기해 본다.
기린 풍선이 아이들에게 돌아갈 때 생각한 것들을 이야기해 본다.
교사는 아이들의 이야기를 적어 보고 아이들에게 들려준다.
아이들이 기린에 대해 이야기한 것으로 기린 동시를 지어볼 수 있다.

6. 기린은 무엇을 먹을까?
: 기린의 생태에 대해 이야기하고 활동지에 색종이를 오리거나 접어서 붙이며 기린에게 나뭇잎은 붙여 준다.

나뭇잎을 붙이고 기린처럼 따라 물을 마셔 본다.
기린이 물을 마실 때 어떻게 마시는지 교사가 흉내내어 보고 아이들이 함께 따라 해 볼 수 있도록 한다.

기린의 생태
–기린은 초원에 살아요.
–기린은 성장한 수컷과 2~3마리의 암컷, 새끼들이 함께 작은 무리를 지어 살아요.
–아카시아잎과 작은 가지, 때로는 꽃, 열매, 풀 등을 먹으며 이른 아침이나 저녁에 활동을 해요.
–물을 마실 때 앞다리를 좌우로 넓게 벌리고 무릎을 약간 구부리고 물을 마셔요.

마무리

동작을 통해 느낌 가지며 동시를 낭독해 본다.
또 다른 동작을 넣는다면 어떤 구절에 넣고 싶은지 왜 그렇게 생각하는지 이야기해 보고 다시 시연해 본다.
–내가 만든 길쭉길쭉 키다리 기린을 전시해 보고 각자 기린에 이름을 지어 본다.

Review & Tip

딱딱했던 과학이 동시로 즐거워진다.
지금부터 동시를 낭독할 때 재미있는 활동과 함께 낭독해 볼까요?

양말 기린들의 신나는 동시 암송대회

1. 아빠의 긴 양말 한 짝을 아이 손에 끼우고 양말 기린이라고 생각하고 동시를 암송한다.
2. 특정 구절에 동작을 넣어 양말 기린이 벌떡 일어서거나, 인사를 하는 등 동작과 함께 동시를 재미있게 암송해 본다.

* 양말에 크레파스로 기린의 무늬를 그리면 더 실감나는 기린이 되겠지요?

〈한 번에 척〉 활동지 1

길쭉 길쭉 키다리 기린

길쭉 길쭉 키다리 기린이 있어요.

키다리 기린을 멋지게 색칠하고 가위로 오려 기린을 만들어 보세요.

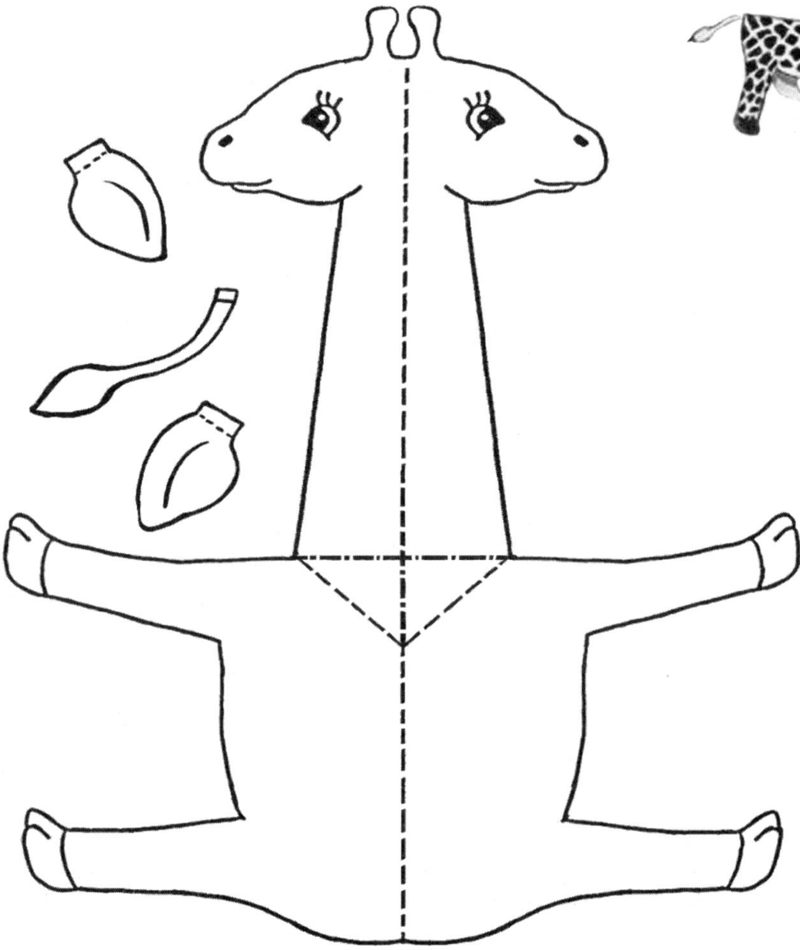

〈한 번에 척〉 활동지 2

무얼 먹을까?

키다리 기린은 무얼 먹고 살까요?
배고픈 키다리 기린에게 맛있는 초록 나뭇잎을 주면 어떨까요?
색종이로 나뭇잎을 접거나 오려서 붙여 기린에게 선물해 주세요.

닮고 싶어요

글 : 성현주

나는야 나는야
닮고 싶어요

아빠와 나를 위해 사냥하는
재빠른 우리 엄마.

엄마와 나를 지켜주는
용감한 우리 아빠.

나는야 나는야
닮고 싶어요.

닮고 싶어요

학 습 목 표	1. 사자의 가족생활에 대한 정보지식을 설명하기로 표현할 수 있다. 2. 사자의 생김새와 암수의 역할을 알 수 있다.
영 역 구 분	생명영역－동물
대 상	5~6세
수 업 방 법	동물 이름 대기 게임, 라면을 이용하여 사자 갈기 꾸미기, 동시 암송하기, 표현놀이
준 비 물	라면, 목공풀, 동물카드

활동준비

－멋쟁이 사자 갈기 만들기에 사용할 라면은 잘게 부순다.

◒ 도입

1. I'm ground 동물 이름 대기 게임

: 유아들과 동그랗게 앉아서 동물원에 가면 볼 수 있는 동물들의 이름을 (I'm ground 동물 이름 대기) 한 명씩 박자에 맞춰 말해 보고 동물원에 가서 보고 싶은 동물에 대해 이야기를 나눈다.

－동물원에 가면 어떤 동물을 볼 수 있을까?

－동물원에 가면 어떤 동물을 보고 싶니? 왜 그 동물이 제일 먼저 보고 싶은 이유가 뭘까?

－좋아하는 동물을 만나면 어떻게 하고 싶니?

등의 질문을 하며 동물에 대해 이야기를 하고 동물원에 가서 동물을 볼 때 어떻게 해야 하는지 이야기한다.

2. 노래 부르기－ 닮은 곳이 있대요

: 암수와 아기동물에 대해 이야기하며 힘차게 노래를 부를 수 있도록 한다.

* 노래 ; “닮은 곳이 있대요” 참고

☯ 전개

1. 수수께끼 내기

: 날카로운 발톱과 이빨을 가지고 있어요. 갈기도 있지요. 동물의 왕인 나는 누구일까요?

2. 동시 들려주기 & 동시 피드백

: 선생님이 동시를 낭독하고 아이들은 눈을 감고 감상하도록 한다.
아이들이 따라 할 수 있도록 한 구절씩 낭독한다.

<u>단어 바꾸어 동시짓기</u>

: 아빠와 나를 위해 사냥하는 재빠른 우리 엄마
엄마와 나를 지켜주는 용감한 우리 아빠
재빠른, 용감한 단어를 다른 단어로 바꾸어 동시를 지어 본다면?
－나는야 나는야 닮고 싶어요
아빠와 나를 위해 사냥하는 용기 있는 우리 엄마,
엄마와 나를 지켜주는 멋쟁이 우리 아빠
나는야 나는야 닮고 싶어요
아이들이 지은 동시를 돌아가며 읽어 보고 느낌을 이야기해 본다.

3. 사자에 대해 이야기 나누며 연결해 보기

: 동물들을 자세히 살피며 엄마와 아기를 찾아 연결해 본다.
다시 한 번 '닮은 곳이 있대요' 노래를 불러 본다.

<u>사자의 특징</u>

－사자는 고양이과 동물 중에서 가장 큰 짐승이며, 동물의 왕이라고도 불립니다.
－20여 마리가 무리 생활을 한다.
－초원에 무리를 지어 사는데, 그것은 사자가 초원에 사는 초식동물을 잡아먹기 때문이다.
－사냥은 암사자가 한다. 수사자보다 더 빠르기 때문이다.
－수사자는 다 자라면 머리 둘레에 갈기가 생기고, 암사자보다 몸집이 훨씬 크다.
－수사자는 자기 무리의 영역을 지키고 멀리서 지켜볼 뿐이고 사냥은 하지 않는다.
왜냐하면 수사자가 1.2 ~1.5배 정도 덩치가 커서 사냥할 때 몸을 숨기는 것이 쉽지 않기 때문이다.

<u>사자가 먹이를 먹는 순서는 어떻게 될까?</u>

수사자－암사자－새끼

4. 멋쟁이 사자 활동지에 라면으로 사자 갈기 꾸미기
: 동물카드 사자를 보며 사자의 생김새를 다시 살펴보고 수사자의 갈기를 꾸며 보기로 한다.
수사자의 갈기 꾸미기에 어떤 재료를 사용할지 다양한 재료를 살펴본다.
-준비한 라면은 부숴 둔다.
-갈기에 목공풀을 골고루 펴 바른다.
-잘게 부순 라면을 갈기에 고루 펴고 말린다.
-직접 꾸민 사자 갈기에 대해 서로 이야기를 해 본다.

5. 용감한 사자
: 아이들과 함께 재빠른 사자, 용감한 사자의 표정을 지어 본다. (표현놀이)
-손으로 가리고 손으로 가리고 용감한 사자의 얼굴로 변해 보세요
(아이들과 함께 용기 있는 얼굴로 변해 본다.)
-손으로 가리고 손을 가리고 재빠른 사자로 변해 보세요.

마무리

또 다른 단어를 바꾸어 가며 동시를 지어 본다.
예) 닮고 싶어요.
동물원에 대해 이야기를 하며 동물원에서 지켜야 할 규칙을 이야기한다.
-동물을 괴롭히거나 아무 음식을 던져 주지 않는다. 쓰레기를 함부로 버리지 않는다. 등등

Review & Tip

활동지 멋쟁이 사자의 갈기는 어떤 재료를 이용하여 꾸밀 수 있을까요?
잘게 부순 라면 대신 콩나물을 사용해 보세요.
재료의 다양함은 아이들의 창의력과 상상력에 아주 큰 도움을 준답니다.
콩나물을 말려서 사용해도 되고 말리지 않은 콩나물을 사용해도 되지요.
우선 목공풀로 사자의 갈기 부분에 펴 바르고 콩나물을 살짝 올리면 사자의 갈기 완성!
재료의 다양함이 아이들의 우뇌에 또 다른 자극을 줄 수 있는 기회가 되겠지요?

〈닮고 싶어요〉 활동지 1

무엇이 닮았을까?

그림 속 동물 중 누가 누가 더 닮았나요?
엄마와 아기를 연결해 보고 누구인지 말해 보세요.

〈닮고 싶어요〉 활동지 2

멋쟁이 사자

멋쟁이 아빠 사자의 갈기를 꾸며 볼까요?

콩나물이나 구불구불 라면을 이용하여 아빠 사자의 갈기를 꾸며 보세요.

눈송이 꽃송이

글 : 성현주

구름이 추워서
덜덜 떨면
눈이 내려요

별 모양
꽃 모양
송이송이 눈송이

가만가만
밟으면
하얀 소리 나지요

눈송이 꽃송이

학 습 목 표	1. 겨울에 눈이 내리는 이유와 눈의 종류, 눈의 결정체에 대한 정보지식을 설명하기로 표현할 수 있다. 2. 과학적 지식을 동시로 표현할 수 있다.
영 역 구 분	지구영역－날씨
대　상	5~6세
수 업 방 법	눈 만들기, 발자국 찾기, 동시 암송하기
준 비 물	눈 결정체 사진 자료, 검은 벨벳 조각, 먹는 김, 작은 플라스틱 접시, 확대경

활동준비

－검은 벨벳 조각을 30*30 정도의 크기로 준비한다.

☯ 도입

1. 노래 부르기－ 하얀 나라(김성균 작사 · 작곡) 참고

: 노래를 부르며 눈 내리는 하얀 나라를 상상해 본다.

☯ 전개

1. 눈에 대해 이야기 나누기

: 눈을 본 경험에 대해 이야기 나누기를 하며 눈에 대해 알아본다.

－눈은 어느 계절에 내리나요?

－무슨 색이지요?

－만져 봤을 때 느낌은 어땠나요?

－눈은 왜 하얀색일까요?

－눈은 어떻게 생길까요? 등에 대해 이야기 나누기를 한다.

<u>눈은 왜 하얀색일까?</u>

: 눈 결정은 매우 섬세한 구조를 이루고 있어서 빛이 반사하거나 굴절할 수 있는 면을 무수히

가지고 있다. 따라서 눈은 희게 보이지만 공기 중에 보유하고 있는 먼지나 미생물이 붙으면 붉은색 · 노란색 또는 검은색으로 착색되는 경우가 있다. 즉 눈이 하얀 이유는 빛을 잘 반사하는 구조로 이루어져 있기 때문입니다.

<u>눈은 어떻게 만들어질까?</u>

: 눈이 오는 원리를 이해하려면 비가 오는 원리부터 알아야 합니다. 비는 대기 중의 수증기가 서로 뭉쳐서 지름 0.2mm 이상이 되면 지상으로 떨어지는 것을 말합니다. 하지만 날씨가 추워져서 0도 이하로 떨어지면 내리는 비가 얼면서 서로 엉켜 붙어서 눈송이를 이루게 됩니다. 눈송이의 크기는 보통 1cm 정도이지만 수천 개의 눈 결정이 엉겨 붙어서 된 수십 cm의 눈송이가 관측된 사실도 있다고 합니다.

흔히 말하는 함박눈은 포근한 날에 잘 내리며, 눈송이가 커서 잠시 동안에 온 세상을 은세계로 만들고요 매우 추운 날에는 큰 눈송이로 성장하지 못한 가루눈이 내립니다. 함박눈은 끈기가 있어서 잘 뭉쳐지지만, 가루눈은 끈기가 없어서 잘 뭉쳐지지 않습니다. 가끔은 하나하나의 눈 결정이 엉겨 붙지 않고 내리는 것이 관측되는데 이걸 보통 싸락눈이라고 합니다.

2. 동시 들려주기 & 동시 피드백

: 선생님이 동시를 낭독하고 아이들은 눈을 감고 감상한다.
아이들이 따라 할 수 있도록 한 구절씩 낭독한다.

3. 눈송이는 어떻게 생겼을까?

: 실험을 통해 눈송이와 눈 결정체를 관찰해 보는 활동이다.
준비물: 검은 벨벳, 셀로판테이프, 플라스틱 접시, 확대경

1) 벨벳천을 보송보송한 면이 밑으로 가게 펼쳐 놓고 그 위에 접시를 뒤집어 놓는다. 접시 바깥쪽이 나와 있는 헝겊을 접시바닥 위로 접어 올려 테이프로 고정시킨다. 접시를 뒤집었을 때 표면이 팽팽해야 한다.
2) 냉동고에 30분 이상 넣어 둔다.
3) 완성된 눈송이받이를 꺼내면 한참 동안 눈송이를 볼 수 있다.
확대경을 이용하여 보면 결정체를 볼 수가 있다.

4. 눈의 생성과정을 알아보며 눈 결정체 그리기

: 눈 내리는 풍경을 상상하며 실험을 통해 본 눈 결정체를 그려보는 활동이다.

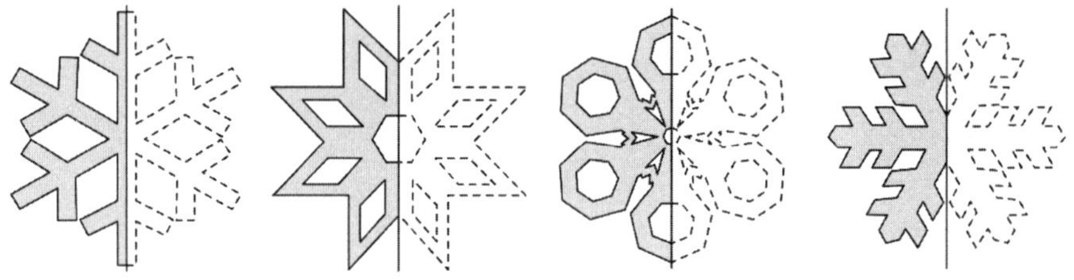

〈다양한 눈 결정체〉

5. 눈 위에 찍힌 발자국의 주인공 찾기
: 눈 위에 찍힌 강아지, 말, 병아리, 사람의 발자국을 찾아보는 활동이다.

마무리

하얀 나라 노래를 부르며 눈의 생성과 눈 결정체에 대해 이야기 나누기를 한다.
눈송이 꽃송이 동시를 낭독하고 마무리한다.

Review & Tip

눈 위에 그림 그리기

준비물: 여러 가지 색깔의 물감이 담긴 분무기, 눈

- 자국이 없는 깨끗한 눈이 있는 곳에 그림 그릴 곳을 정하고 분무기에 색깔물을 넣어서 준비한다.
- 분무기를 세게 누르면 물감이 어떻게 나올까요?, 눈 위에 물감을 뿌리면 어떤 무늬가 만들어질까요?
- 분무기로 물감을 뿌리며 눈에 물감이 스며드는 모양과 녹는 모양을 관찰한다.
- 눈에 물감을 뿌려 보니 눈이 어떻게 되었나요? 왜 그렇게 되었을까요?
- 분무기로 그린 그림을 감상한다.

* 도움말: 여러 개 물건을 눈 위에 놓고 물건 위에 분무기로 물감을 뿌린 후 물건을 들어 내보는 활동을 해 본 후 어떤 모양이 나오는지 관찰해 볼 수 있다.

〈눈송이 꽃송이〉 활동지 1

자세히! 자세히!

온 세상이 하얗게 눈이 내리고 있어요.
눈을 자세히 살펴보고 눈 결정체를 그려 보세요.

〈눈송이 꽃송이〉 활동지 2

누구의 발자국일까?

하얀 눈 위로 발자국이 있어요. 누구의 발자국일까요?
발자국의 주인공을 찾아 연결해 보세요.

변신쟁이

글 : 성현주

여름 여름나무는
초록 나무
우리 아빠 팔뚝처럼
힘이 넘쳐요

가을 가을나무는
알록달록 나무
우리 엄마 옷처럼
울긋불긋 하지요.

변신쟁이

학습목표	1. 계절에 따라 달라지는 나무의 변화과정을 설명하기로 표현할 수 있다. 2. 브레인스토밍을 통해 나무에 대해 알 수 있다.
영역구분	생명영역－식물
대 상	5~6세
수업방법	브레인스토밍, 신체 표현놀이(나무 흉내내기), 나뭇잎 연상놀이, 동시 암송하기
준 비 물	사계절 나무 사진 카드, 전지, 여러 종류의 나뭇잎

활동준비

－사계절에 달라지는 나무 사진을 준비한다. (같은 종류의 나무를 보여주는 게 더 효과적)
－주변의 나뭇잎을 관찰할 수 있게 나뭇잎을 준비한다.

☯ 도입

1. 노래 부르기－나무를 심자(윤석중 작사, 유병무 작곡 참고)
: 노래를 부르며 힘차게 표현할 수 있도록 한다.

☯ 전개

1. 브레인스토밍 － 나무
: '나무'에 대한 단어 가지 만들기를 아이들과 함께 해 본다.(교사는 전지에 아이들이 말한 단어를 적는다.)
－'나무' 하면 무엇이 생각나나요?
－가장 먼저 생각나는 것을 이야기해 볼까요?
－나무는 봄, 여름, 가을, 겨울을 지나면서 어떻게 달라지나요?
－나무의 종류에 대해 알아볼까요? 내가 알고 있는 나무는 무엇이 있나요?
－나무가 있어서 좋은 점은 무엇일까요? 또 나쁜 점도 있나요? 등등
아이들이 말한 단어나 이야기들을 정리하며 전지에 적어 보고 나무에 대한 이야기를 한다.

2. 사계절 나무 사진 보여주며 달라진 점 이야기하기

: 계절에 따라 나무의 모습이 어떻게 달라지는지 사진을 보여주고 이야기한다.

－어떤 나무인가요? 봄의 단풍나무는 어떤 모습이지요?

－여름이 오기까지 어떻게 변화하는지 볼까요? 어떻게 변했나요?

－여름 단풍나무예요. 어떻게 달라졌지요? 그럼, 가을이 올 때까지 어떤 변화가 있을까요?

－왜 단풍나무의 색은 변했을까요? 그럼, 겨울이 올 때까지 어떻게 변화할까요?

나뭇잎의 색

－나뭇잎 속의 엽록소는 나뭇잎을 초록색으로 보이게 해요. 그런데 가을이 되면 차가워진 날씨와 강한 자외선 때문에 엽록소의 활동이 줄어들고 분해되기 시작하면서, 안토시안이라는 색소가 나와요.

바로 이 안토시안 때문에 나뭇잎이 붉어지면서 단풍이 드는 것이랍니다.

3. 동시 들려주기 & 동시 피드백

: 선생님이 동시를 낭독하고 아이들은 눈을 감고 감상한다.

아이들이 따라 할 수 있도록 한 구절씩 낭독한다.

－아이들이 나무가 되어 여름 나무일 때를 상상해 본다.

아빠 팔뚝처럼 힘이 넘치는 여름 나무를 표현한다면?

엄마 옷처럼 울긋불긋한 가을 나무를 표현한다면?

: 신체표현을 할 때 잔잔한 음악을 틀어 주어도 좋고,

다시 한번 동시를 읽어 주어 표현할 수 있도록 한다.

4. 여름 곤충을 나무에 붙이기

: 여름에 볼 수 있는 곤충에는 무엇이 있을까요?

잎이 무성한 여름 나무에 여름에 볼 수 있는 곤충을 잘라 붙여보는 활동이다.

5. 단풍잎과 은행잎 연상놀이

: 단풍잎과 은행잎을 보며 생각나는 것들을 그림으로 그려 보는 활동이다.

－은행잎을 보니 열심히 춤을 추고 있는 발레리나가 생각이 나요.

－단풍잎을 보니 밤하늘의 반짝이는 별이 생각이 나요.

교사가 먼저 시범을 보이며 표현해 보고 아이들이 표현할 수 있도록 유도한다.

마무리

브레인스토밍을 통한 나무 단어 가지 만들기를 정리하여 다시 한 번 이야기한다.
신체로 나무를 표현하며 동시를 낭독해 본다.
바깥에 나가 나무를 관찰하며 나무에 대해 관심을 가질 수 있도록 한다.

Review & Tip

우리 생활 속에 나무의 역할을 다시 한 번 알아볼까요?
아이들과 함께 NIE활동을 해 보세요.

- 나무는 우리에게 어떤 도움을 줄까?
- 나무가 있어서 좋은 점은 무엇이니?
- 나무로 만들어진 것들에는 무엇이 있을까?
- 홍수나 가뭄을 막아 준다. 필요한 물건을 만들 수 있다. 공기를 깨끗하게 해 준다.

신문이나 잡지에서 나무로 만들어진 것들을 찾아 스크랩하여 나무의 고마움을 다시 한 번 느껴 보세요.
아이들과 활동한 것을 가지고 발표를 해 보세요.
자신이 만든 것을 발표하면서 단기 기억에 머무르는 지식들을 장기 기억 속에 차곡차곡 넣을 수 있는 기회가 될 수 있답니다.

나무의 고마움

맑은 공기를 줘요. 사람들과 숲 속에 살고 있는 동물들에게 맛있는 과일(열매)을 제공해요. 옛날에는 추울 때 따뜻하게 해 주는 땔감으로 사용했어요. 숲은 홍수나 산사태를 막아 줘요. 집을 만들 수 있어요. 생활에 필요한 가구를 만들 수 있고 종이와 연필을 만들 수 있어요.

〈변신쟁이〉 활동지 1

여름 나무 친구들은 모여라!

여름에 볼 수 있는 곤충에는 어떤 것들이 있을까요?

아래 그림에서 여름에 볼 수 있는 곤충을 오려 여름 나무를 만들어 보세요.

〈변신쟁이〉 활동지 2

짜잔! 요렇게 변했어요!

가을이 되면 단풍잎은 빨갛게 빨갛게, 은행잎은 노랗게 노랗게 물이 들지요. 단풍잎과 은행잎으로 무엇을 만들 수 있을지 생각해 보고 그림으로 그려 보세요.

튼튼한 친구들

글 : 성현주

땡글땡글
사슴이 응가!

철퍽철퍽
흰곰도 응가!

뭉텅뭉텅
얼룩말도 응가!

튼튼한 동물친구들
응가도 잘 하지!

튼튼한 나도
응가 잘 한다!

튼튼한 친구들

학습목표	1. 동물의 배설물에 대한 정보지식을 설명하기로 표현할 수 있다. 2. 음식이 입을 지나 똥으로 나오기까지의 과정을 알아본다.
영역구분	생명영역－동물
대 상	5~6세
수업방법	동물들의 똥 만들기, 강아지 똥 머리띠 만들기, 동화 감상하기, 동시 암송하기
준 비 물	뱃속여행 그림카드, 동물들의 똥 카드, 점토, 강아지 똥 영상 자료

활동준비

－다양한 동물들의 똥 카드를 준비한다.

☯ 도입

1. 음식의 뱃속여행 이야기 나누기

: 내가 먹은 음식이 입을 지나 똥으로 나오기까지의 과정을 이야기한다.

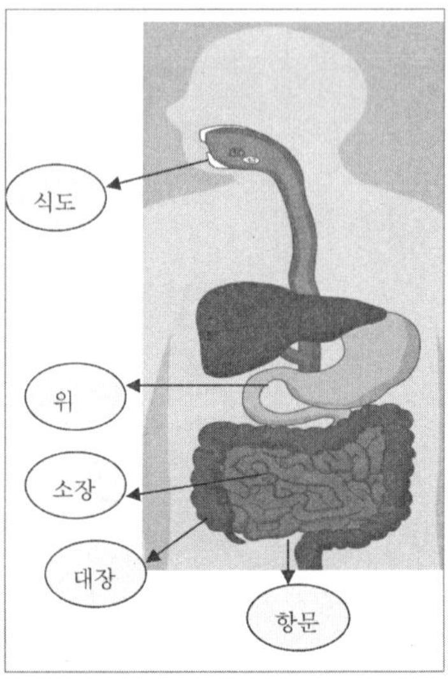

음식–입–식도–위–소장–대장–항문–똥

－오늘 아침 어떤 음식을 먹고 왔나요?

아침에 똥을 싸고 나온 친구들도 있을까?

우리가 먹은 음식은 모두 어디로 갈까?

우리가 먹은 음식이 어떻게 똥으로 나오는지 알아볼까요?

(그림을 보며 이야기한다.)

입에 들어간 음식은 먼저 식도로 가요.

식도에서 푹신한 느낌의 위로 이동을 하지요.

위를 지나서 소장으로 가요. 음식의 영양분을 흡수하는 소장으로 갔다가 남은 음식의 물을 빨아들이는 대장으로 가요.
그 다음엔 어디로 갈까요?
항문으로 가서 똥으로 나오지요.
우리가 먹은 음식이 어떤 것인가에 따라서 똥도 달라질 수 있어요.
동물들은 어떤 음식을 먹을까요?
어떤 모양의 똥으로 나오는지 알아볼까요?

전개

1. 동시 들려주기

: 선생님이 동시를 낭독하고 아이들은 눈을 감고 감상하도록 한다.
아이들이 따라 할 수 있도록 한 구절씩 낭독한다.

<u>느낌으로 동시 낭독하기 (흉내내는 말)</u>

: 땡글땡글, 철퍽철퍽, 뭉텅뭉텅에 동작을 생각해 본다.
누가 어떤 똥을 누었는지 이야기해 보고 다른 흉내내는 말을 생각해 본다.
-아이들의 지은 흉내내는 말을 비교해 가며 동시를 낭독하면 더 재미있는 동시 읽기가 될 수 있다.

2. 똥에 대해 이야기 나누며 동물들의 똥 만들기

: 교사가 준비한 동물들의 똥 카드를 아이들에게 보여 준다.
보여준 똥에 대해 이야기 하며 점토로 동물들의 똥을 만들어 본다.

<u>동물들의 똥</u>

-동물들도 음식을 소화하고 남은 찌꺼기들을 변으로 내보내요.
그 모양과 색깔은 동물의 종류에 따라 다양한데, 어떤 음식을 얼마만큼 먹느냐에 따라 달라지기 때문입니다.
풀, 나뭇잎을 먹는 사슴의 똥은 동글동글하고 작고, 바다표범, 물고기, 바다새를 먹는 흰곰의 똥에는 수분이 많아요. 풀 과일, 나뭇잎을 먹는 얼룩말의 똥은 타원형으로 생겼답니다.

3. 강아지똥 영상 보기 (이루마 노래 - 강아지똥)

: 동화 강아지똥 이야기를 해 주고 강아지똥 영상 자료를 보며 똥이 하는 일에 대해 이야기한다.

4. 똥 머리띠를 만들어 똥이 된다면?
: 내가 만약 똥이 된다면 어떨까? 를 상상하며 아이들과 똥 역할극을 해 본다.
－어떤 똥이 되고 싶은가요? (각자 어떤 똥이 될 것인지 정한다.)
왜 그 똥이 되고 싶은가요? (이유를 들어 설명한다.)
그 동물은 어떤 음식을 먹었을까? (음식을 먹는 종류에 따라 똥이 달라짐을 알 수 있다.)
똥이 되어서 어떤 일을 할 것인가? (동화 강아지 똥처럼 예쁜 꽃을 피우는 일을 예를 들어 이야기한다.)

5. 동시 낭독하기 & 동시 지어 보기
: 튼튼한 친구들 동시를 소리 내어 낭독해 본다.
동시에 나오는 동물(사슴, 흰곰, 얼룩말)들을 바꾸어 동시를 짓는다면?
어떤 동물을 넣어 보고 싶은지 생각해 보고 동시를 지어 본다.

☯ 마무리

다시 한 번 강아지똥 영상 자료를 보며 마무리를 하고, 흉내내는 말을 넣어 느낌 가지며 동시 낭독을 잘한 아이에게 오늘의 동시 낭독 최고상을 준다.

☯ Review & Tip

흉내내는 말에는 소리를 흉내내는 말과 모양을 흉내내는 말이 있습니다.
웃는 모습을 흉내내는 말도 '히죽히죽, 방긋방긋, 방글방글' 등 여러 가지 입니다.
시에서 흉내내는 말을 자주 쓰는 이유는 소리나 모양을 재미있게 나타낼 수 있고, 직접 보거나 듣는 것 같은 느낌이 들기 때문입니다.
사물을 훨씬 더 자세하게 표현할 수도 있습니다.
시를 읽고 흉내내는 말이 무엇인지 찾아보고, 어느 때 그런 말을 쓰는지도 생각해 보면 좋겠지요?

〈튼튼한 친구들〉 활동지 1

누구의 똥일까?

동물들은 어떤 똥을 쌀까요?

점토를 이용하여 똥을 만든 후 동물들의 똥을 붙여 보세요.

〈튼튼한 친구들〉 활동지 2

강아지 똥이 되었어요

똥 그림을 잘라 머리띠를 만들어 보세요.

내가 만든 똥 머리띠를 써 보고, 내가 만약 강아지 똥이라면 어떨 지 생각해 보세요.

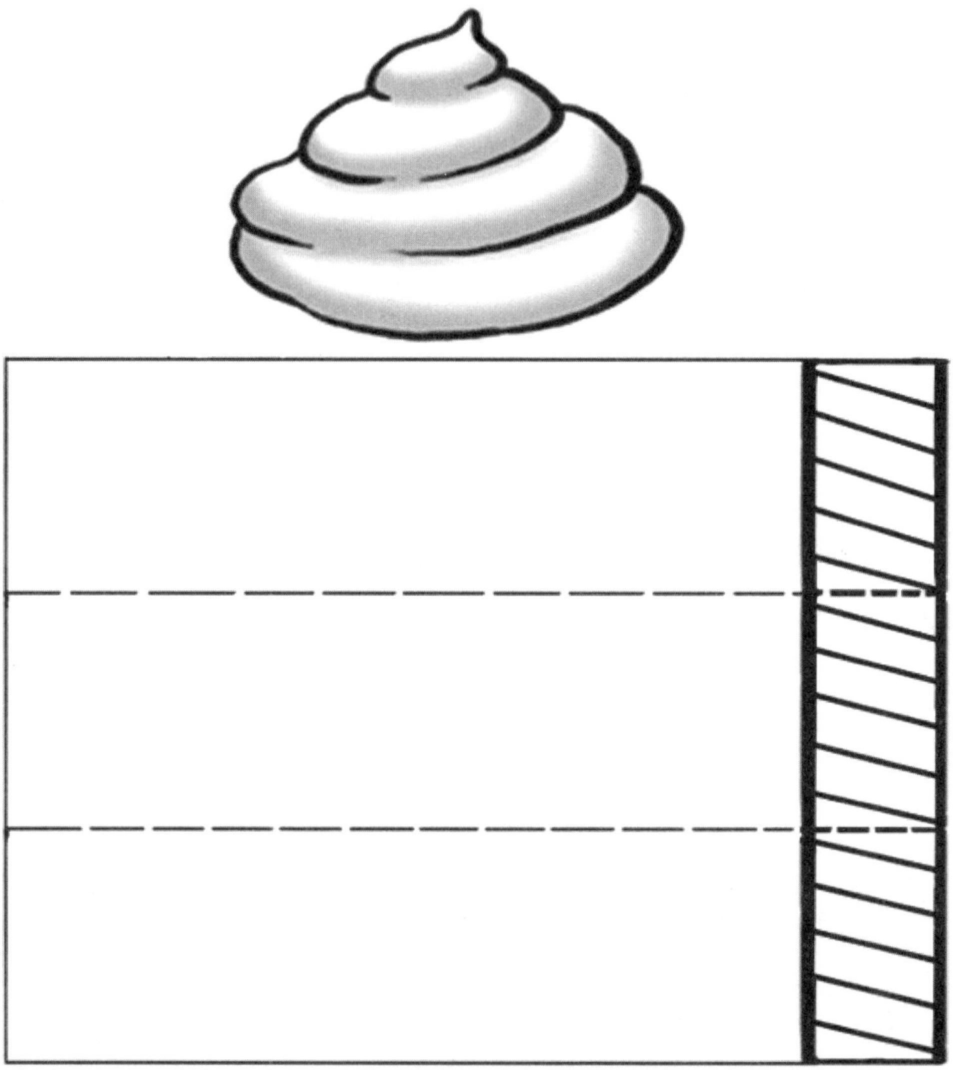

참고 문헌

강봉규 · 신현숙 · 장선철(2006), 『교사를 위한 아동발달』, 태영출판사.

고영희 역(1997), 『당신의 양쪽 뇌를 사용하라』, 양서원.

관동대학교 글쓰기 편찬위원회(2012), 대학인의 글쓰기, 도서출판 경진.

교양교재편찬위원회(2000), 『화법의 이론과 실제』, 명지대학교 출판부.

교육인적자원부(2000), 교원양성검정 실무편람, 교육인적자원부.

교육인적자원부(2008), 교원양성검정 실무편람, 교육인적자원부.

교육인적자원부(2009), 교원양성검정 실무편람, 교육인적자원부.

권이숙 · 조정인(2005), 『독후활동 117가지』, 바다출판사.

김경은 · 김숙령(2001), 『유아 창의성교육의 이론과 실제』, 교육아카데미.

김돈 외 4인(2011), 『대학 글쓰기와 의사소통』, 아카넷.

김미숙, 김은경, 박명화, 이영규, 장명익, 황재옥(2010), 초등국어 개념사전, (주)북이십일 아울북.

김영채(1998), 『사고력: 이론, 개발과 수업』, 교육과학사.

김용수(2004), 『드라마 분석 방법론』, 집문당.

김정률(1982), 『아동발달과 교육』, 학문사.

네이버 지식백과, 한국민족문화대백과, 한국학중앙연구원.

[네이버 지식백과] (Basic 중학생을 위한 국어 용어사전, 2007. 8. 25, (주)신원문화사.

박춘식(1986), 『아동언어교육』, 학문사.

박홍자 · 김연진 · 권세경(2006), 『영유아언어교육』, 태영출판사.

서봉연 · 이순형(1983), 『발달심리학』, 중앙적성출판사.

성현주(2009), 『동화, 이렇게 써라!』, 태영출판사.

성현주(2010), 동화구연의 지도, 도서출판 153.

성현주(2012), 동화구연 어떻게 할까?, 도서출판 153.

신윤호(2009), 〈교원양성교육과정 개편에 따른 산업교과 논리 및 논술 과목의 교육목표와 내용설정 방향에 관한 연구〉, 실과교육연구 제15권 제3호 pp. 221-240, 한국실과교육연구학회.

신헌재 외(1993), 『독서 교육의 이론과 방법』, 도서출판 박이정.

안말숙편저(2009), 『글쓰기와 의사소통』, 도서출판 박이정.

원광대 교재편찬위원회(2012), 『글쓰기 이론과 실제』, 도서출판 경진.

이경희 외 5인 공저(2006), 『최신유아교육개론』, 교육아카데미.

이상우(1999), 『소설의 이해와 작법』, 월인.

이성구(2006), 『언어지도론』, 동문사.

이용숙(2008), 〈교과학습과 함께 하는 논술지도 방법〉, 열린교육실행연구 제11호, pp. 5-35 덕성여자대학교 열린교육연구소.

자기표현과 글쓰기편찬위원회(2009), 『자기표현과 글쓰기』, 도서출판 경진.

중앙대 글쓰기교육위원회(2010), 『과학기술과 윤리』, 도서출판 경진.

한국방송통신대학교(1999), 『교수이론』, (주)예지각.

한국방송통신대학교(1999), 『언어와 교육』, (주)예지각.

한혜경 · 유창근 · 채길순(2006), 『말글삶』, 푸른사상.

A. J. Freely, 논증과 토론, 1996.

Robert Kornikau and Frank McElroy(1975), Communication for the Safely Professional, National Safety council : Chicago.

http://www.idebate.org/teaching/classroom.php Daum 백과사전

저자 소개

✍ 성현주

현) 관동대학교 교수
문학박사 · 문학평론가 · 아동문학가
사단법인 한국동화구연지도사협회 이사장
사단법인 한국어문능력개발원 원장

수상) 제 111회 「아동문예」 문학상 (동화)
제 1회 색동문화상 (동화)
제 72회 「창조문학」 신인상 (문학평론)

저서) 이론서 : 『동화! 이렇게 써라!』, 『동화구연 어떻게 할까!』, 『동화구연의 이해』, 『동화구연의 지도』, 『대학인의 글쓰기』(공저), 『독서논술지도』(공저)
작품집 : ≪유리꽃≫, ≪오줌놀이≫, ≪우와조와≫, ≪고릴라가 이사가는 이유≫, ≪아토피 마왕을 잡아라≫, ≪구석구석 동네탐험≫, ≪과학동시집≫, ≪전래동화랑 영어랑≫, ≪과학동화≫, ≪세계명작 동화랑 영어랑≫, ≪오감놀이 창작동화≫, ≪국가보훈처 독립유공자 동화 70선≫, ≪재미있는 동화여행≫, ≪창의력 동화전집≫ 등 다수
독서논술 교재 : 『독서미술』, 『역사교실』, 『유아 논술』, 『독서논술』 등 다수

유아논리교육

초판인쇄 2014년 1월 25일
초판발행 2014년 1월 30일

2014. 1.

저 자 성 현 주
발행인 김 현 태
발행처 태영출판사

주 소 (152-705) 서울 구로구 구로동 104-10 동남오피스텔 201호
전 화 02 · 839-3757, 839-3752
팩 스 02 · 837-3754
등 록 2005년 5월 30일 제12-421호
http://www.taeyeongbook.co.kr
E-mail tys2005@hanmail.net
ISBN 978-89-6302-129-4 93370
정 가 16,000원

* 잘못 만들어진 책은 교환해 드립니다.